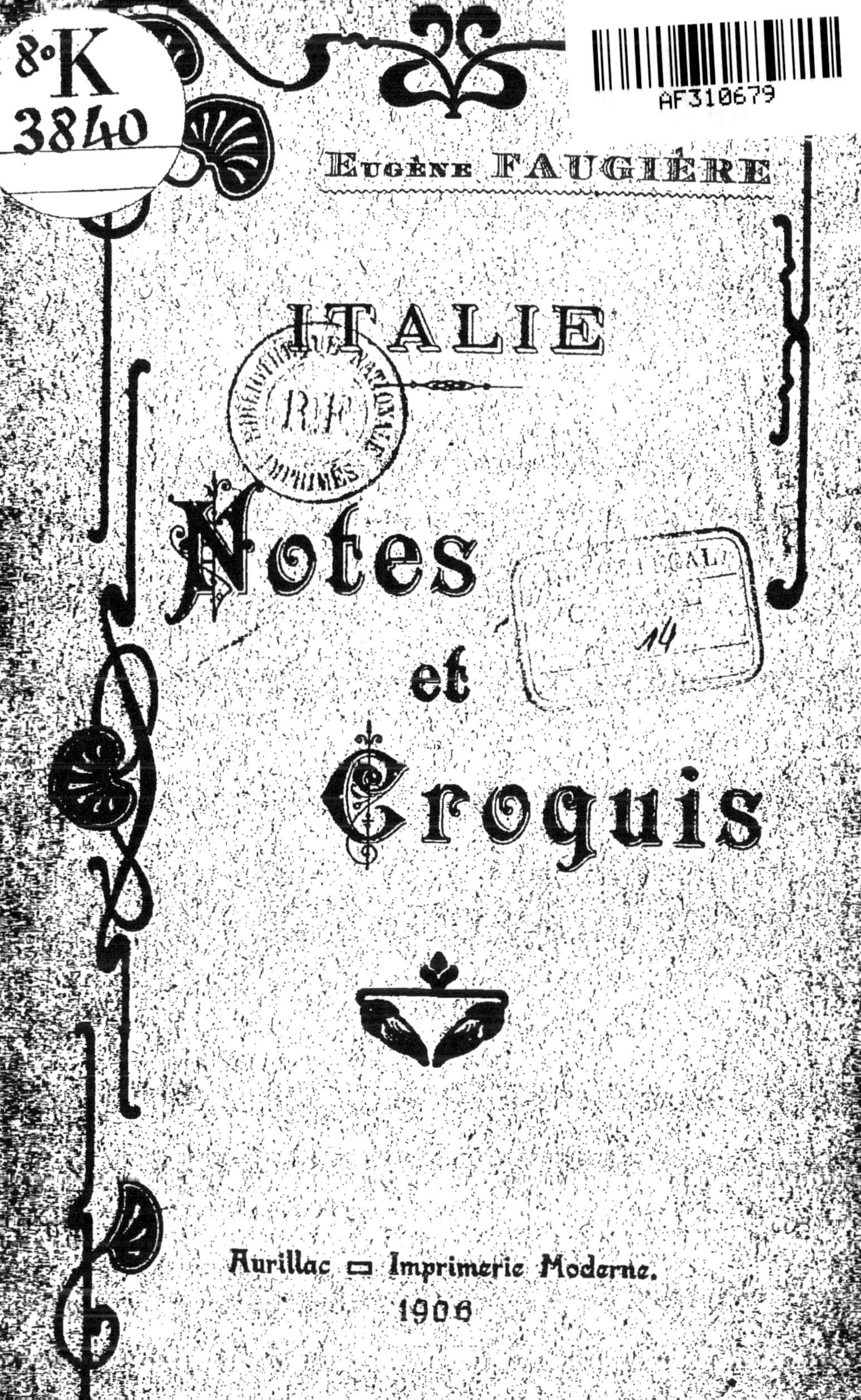

Eugène FAUGIÈRE

ITALIE

Notes et Croquis

Aurillac — Imprimerie Moderne.

1906

Eugène FAUGIÈRE

ITALIE

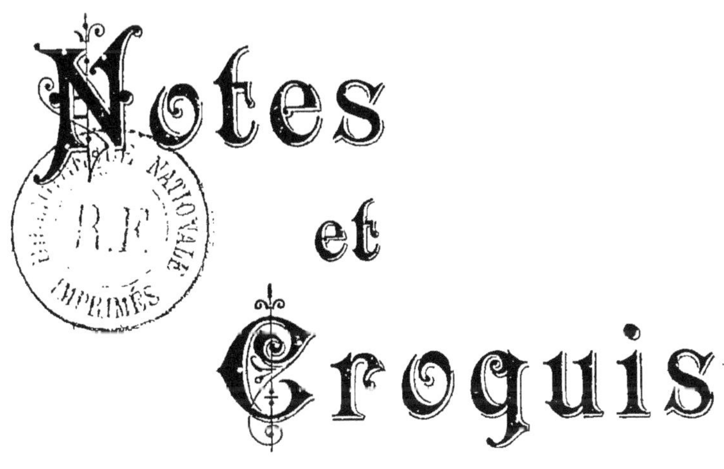

Notes et Croquis

Aurillac — Imprimerie Moderne,
1906

CHAPITRE I

Je pars, — j'arrive

N'est-il pas un peu puéril, un peu prétentieux d'écrire des impressions sur Rome ? Il semble bien, a priori, que cette ville est archi connue et qu'on n'a rien à en apprendre à personne ; cependant, pareil scrupule m'était déjà venu, l'an dernier, au sujet de Florence et Venise, et la faveur bienveillante du public pour mes petits croquis me prouva que je m'étais trompé.

Je viens donc convier mes aimables lecteurs à une nouvelle promenade dans la « botte » italique. Nous avons vu ensemble une partie de la jambe et nous allons nous acheminer vers le pied.

Lors de la visite des marins russes à Paris, — c'est déjà vieux, — je me souviens d'un camelot gouailleur qui criait sur le boulevard : « Qui est-ce qui ne connaît pas *encore* le russe ? Méthode pour le parler correctement en huit jours, dix centimes ! »

Comme ce camelot de joyeuse mémoire, je crie à mes amis lecteurs : « Qui est-ce qui ne connaît pas encore Rome ? Que ceux-ci veuillent bien s'approcher, je vais commencer. »

A mon précédent voyage vers le pays où fleurit l'oranger, j'avais fait l'école buissonnière, m'attardant ça et là dans quelques charmantes villes françaises du littoral, cueillant à Arles l'asphodèle et à Nice le mimosa.

Cette année, je brûle les étapes pendant que le Vésuve brûle des villes. Torre del Greco, Résina, Ottojano viennent de succomber à demi sous les assauts redoublés de ses laves et de ses cendres. Je n'assisterai pas à l'éruption, qui touche à sa fin, mais nous en verrons ensemble les conséquences et les curieux effets.

Les séductions de la Provence embaumée, alors que je viens de franchir les neiges du Lioran, me laissent donc inébranlable. A peine si j'ai le temps de noter au vol son premier sourire: C'est en gare d'Alais. Nous sommes quatre, — très au large par conséquent, — dans un compartiment. Comme toujours, beaucoup de petits paquets. Une dame est assise en face le moi ; sa fille, gentille brunette de quinze à dix-huit printemps, type arlésien, est à la fenêtre du wagon. Arrive un vieux bonhomme qui veut monter.

— *Complette* ! crie la jeune fille avec une candeur impertubable et un gentil *assent* qui fleure l'aïoli.

Le bonhomme insiste.

— *Complette*, je vous *diss*, répète la gamine.

Le vieux monsieur s'entête et tourne la poignée de la portière.

— Eh bé ! venez le *voire*, puisque vous ne me croyez pas, crie la petite en se reculant.

Le bonhomme monte et compte les places.

— Ah ! la b... s'écrie-t-il, c'est pas vrai, mais elle ne s'est pas trompée de beaucoup. Et il s'en va en riant aux éclats.

Dans le midi, le toupet n'attend pas le nombre des années.

.*.

Je laisse Toulon à son interminable grève des limonadiers ; Marseille à son exposition coloniale. Le train file parmi les stations idéales de la Riviéra.

J'ai comme voisine de route une vieille dame aux traits distingués, mais singulièrement fatigués. Paupières tombantes vulgairement appelées capotes de cabriolet.

Passant devant la petite baie de Monaco, elle me signale, dormant sur ses eaux calmes d'un bleu invraisemblable, la *Princesse Alice*, le grand brick tout blanc sur lequel le prince Albert Ier poursuit ses études de géodésie sous-marine, et que j'ai rencontré, d'ailleurs, un peu partout.

— Connaissez-vous Monte-Carlo, Monsieur, soupire-t-elle d'une voix lasse ?

— Oui, Madame, tout dernièrement, j'ai eu le sensible plaisir de soutirer quelques écus à la Société fermière de S.A. Sérénissime.

— Vous avez eu bien de la chance, Monsieur !... Moi aussi, reprit-elle en s'animant, je connais Monte-Carlo.. Hélas ! j'en ai fait les beaux jours, il y a longtemps. J'étais choyée, adulée, j'étais de toutes les fêtes. Je gagnais ce que je voulais...

— Vous aviez également bien de la chance, Madame.. Vous avez beaucoup joué !

— J'y allais tous les jours ; cela a duré plus de dix ans. J'étais avec un Monsieur qui était si bien ! Un grand industriel. Il ne jouait pas, lui, pas si bête, mais il me donnait ce que je voulais... je connais tous les jeux... Quand on a été longtemps à Monte-Carlo, on connaît le jeu. Ainsi au trente et quarante, il suffit de

vingt-cinq louis pour attendre la série ; c'est infailli-
ble ! A la roulette...

— Vous avez dû beaucoup gagner ?

— Non, j'ai perdu trente-cinq mille francs ; tout ce
que j'avais économisé du vivant de Monsieur. On a
beau gagner, il vient un moment où l'on se fait prendre... Maintenant, je n'ai plus le sou. Je ne puis même
pas quitter Nice, qui n'est pas mon pays, parce que
j'ai toujours un terme d'arriéré que mes meubles ga-
rantissent...

— Je comprends... Le propriétaire retient vos meubles et vos meubles vous retiennent...

— Ah ! j'ai fait une grande bêtise, Monsieur, de me
mettre dans mes meubles. Si je disposais seulement de
vingt-cinq louis, je suis sûre que je me referais.

— Ne pensez-vous pas qu'il serait plus prudent de
les employer à autre chose ?

— A quoi, Monsieur ?

— A payer, par exemple,... votre propriétaire.

— Peut-être... mais j'ai idée que je me referais... En
attendant je bavarde et me voici arrivée. Bon voyage,
Monsieur.

On eût offert les cinq cents francs à la bonne femme
qu'ils eussent immédiatement pris, parmi les sentiers
fleuris des merveilleux jardins de Monte-Carlo, un chemin qui n'eût pas été celui du propriétaire.

.*.

Mais déjà le golfe de Gênes arrondit sa conque na-
crée, mouchetée des blanches taches des villas posées
au bord des plages, près du sein mouvant de la mer,
comme un collier de perles.

Je revois Pise et ses forêts de pins parasol ; ses monuments altiers qu'on embrasse d'un coup d'œil sur la place du Dôme. Florence et ses palais ; ses galeries incomparables, ses églises et cette vieille loggia dei *Lanzi* où un orage me bloqua deux longues heures qui me parurent deux minutes, absorbé par les suggestions de cette Renaissance magique qui sortent en foule des bronzes, des marbres, des moindres objets, des socles mêmes des statues !

Puis le train a cotoyé longtemps la grande nappe du lac Trasimène sur les rives duquel Annibal flanqua une mémorable pile aux Romains sans se douter que 2.200 ans plus tard passeraient sur ce champ de bataille des trains à soufflets et des wagons restaurants...

La nuit vient ; les étoiles commencent à s'allumer, encore incertaines devant le manteau d'or et de pourpre que traîne après lui le soleil disparu.

Nous passons à Chiusi, l'une des douze cités de la confédération étrusque ; à Orvieto qui possède une belle église gothique, chose rarissime en Italie, et une nécropole étrusque. L'allure de l'express s'accélère ; il glisse dans la nuit, piquant droit vers une lueur semblable à une aurore qui croît à l'horizon.

Les voyageurs s'ébrouent et commencent à se répandre dans le long couloir qui court d'un bout à l'autre du train ; ils titubent comme sur un paquebot ballotté par la houle, quelques-uns risquent leur tête hors de la portière.

Soudain, un long coup de sifflet, le train stoppe. Des lumières, des cris ; des *facchini* s'accrochent aux wagons, ouvrent les portières ; tout le monde descend, nous sommes à Rome.

CHAPITRE II

Rome — Le Colisée

Certaines personnes peu renseignées se figurent encore qu'à Rome on voit le Pape en arrivant et qu'on circule tout le temps sous des colonnades antiques plus ou moins dorées par un soleil séculaire. Il faut rafraîchir ces imaginations romanesques. Il faut, bien qu'il en coûte, se faire de cette ville unique une tout autre idée. Les débris de l'antiquité sont épars çà et là et passablement cachés pour qui ne les cherche pas. On entre à Rome dans une ville bien moderne, pas même italienne d'aspect, moins animée que Marseille, guère plus élégante que Bordeaux, où rien n'évoque tout d'abord la noblesse artistique de Florence, par exemple, ou l'intense curiosité de Venise. Et si le souvenir d'un passé quasi légendaire n'était pas, à cet instant, vibrant dans la mémoire et dans le cœur de tout étranger qui arrive dans la Ville Eternelle, il n'éprouverait, en y entrant, pas la moindre émotion.

Déjà, dans l'antiquité, Rome était appelée la Ville Eternelle. La date officielle de sa fondation est toujours considérée comme l'année 739 avant Jésus-Christ, mais des fouilles récentes et ininterrompues permettent de lui assigner aujourd'hui une antiquité bien plus haute et qui se perd même complètement dans la nuit des temps.

Le distingué archéologue qui est chargé d'arracher les secrets de son sol, M. Boni, a fait lentement mais sûrement les plus précieuses découvertes. Sous la Rome des Césars et des anciens rois, on croit avoir trouvé une Rome étrusque et sous celle-ci une Rome préhistorique dont on épelle les vestiges sans les comprendre encore.

On commence même à *blaguer* un peu le distingué archéologue. On le prévient aimablement qu'à force de creuser il passera de l'autre côté et qu'il finira par découvrir quelque Rome chinoise ou annamite... Mais ce qui a été fait n'est rien à côté de ce qui reste à faire. Longtemps encore, cette terre historique livrera les secrets du peuple le plus étonnant qui se soit agité sur notre planète.

.*.

Une habitude consacrée par tous ceux qui se sont occupés de Rome est de considérer trois villes dans la même ville : La Rome antique, La Rome de la Renaissance et la Rome catholique. N'ayant pas le souffle d'un novateur, je m'en tiendrai à cette ordonnance aussi sage que commode et c'est le Colisée qui va poser tout d'abord devant mon objectif.

Les photographes disent aux jeunes époux : « Ne bougeons plus et soyons gracieux ! » Le Colisée est solide comme un roc, mais la grâce n'a jamais été dans sa nature. Les Italiens l'appellent *Colosseo*, le colosse. Il l'est en effet. Bien qu'il en manque plus d'un tiers, il est encore le plus grand cirque du monde. Il semble, suivant l'expression de Byron, que les Romains aient voulu accumuler en lui tous leurs arcs de triomphe en un seul, et comme il est formé de couronnes concentriques et que ce sont quelques-unes de ces couronnes qui ont disparu, ce qui reste conserve la forme elliptique des autres arènes connues, telles que celles d'Arles, de Nîmes ou de Vérone et donne assez bien une idée d'ensemble.

Peu éloigné du Forum et dans son prolongement, il dresse sa masse gigantesque dans une impressionnante solitude.

Ses couronnes concentriques, séparées par des passages voûtés recouverts de gradins, s'élevaient depuis l'arène où se trouvait la plus basse jusqu'au pourtour extérieur, haut de 48 mètres, et qui était décoré de trois étages de colonnes d'ordres dorique, ionique et corinthien superposées.

Les murs sont en bloc de calcaire travertin ; ils étaient revêtus de marbre comme tous les autres monuments de la Rome antique.

Le grand axe de l'arène a 187 mètres ; le petit, 155 mètres. Sous l'arène sablée, qui est à moitié effondrée, on aperçoit encore tout un étage de cintres, de chambres, de cages, de couloirs qui servaient aux besoins des représentations. C'est là, également, qu'étaient enfermées les bêtes féroces qu'on présentait au public ; les prisonniers condamnés à mort, et que se tenaient aussi les gladiateurs.

Des mâts, érigés contre le mur extérieur, entouraient cet immense cirque et l'on pouvait, au moyen de câbles tendus, avancer sur les spectateurs un gigantesque velum. Les gradins contenaient 50.000 places et le peuple roi, très adulé, n'aimait pas à se rôtir le visage au soleil, d'autant plus qu'à certaines époques le spectacle durait indéfiniment. On allait dîner, vaquer à ses affaires ou dormir, puis on revenait et l'on trouvait toujours des acteurs en scène.

Notamment, lors de l'inauguration de l'édifice, les jeux durèrent cent jours de suite et l'histoire nous apprend qu'on immola 5.000 bêtes féroces. Elle est muette sur le nombre d'êtres humains qui y perdirent la vie. Ils ne comptaient pas, n'ayant aucune valeur marchande. C'étaient des prisonniers, des esclaves et surtout des chrétiens.

C'est sur le sable de cette arène que s'est fondée et affirmée dans le sang la religion chrétienne. Là, pendant plusieurs siècles, des milliers d'êtres inoffensifs, qui n'en voulaient certainement pas à César, qui n'en voulaient à personne puisqu'ils se groupaient au nom de l'humilité, de la douceur et de la charité, furent livrés aux lions et aux tigres ; à des meutes de chiens monstrueux plus féroces encore, ou bien enduits de résine, attachés à des poteaux et allumés en guise de torches. Là, des vieillards chancelants, des vierges vouées à la religion nouvelle, des hommes qui portaient en leurs beaux muscles de soldats ou d'athlètes des années de jeunesse et de force, tendirent la gorge au glaive court du gladiateur. Des flots de sang vermeil inondèrent tous les jours ce sable.

C'est ici, près de ce Palatin où roucoulent les colombes, que saint Ignace, évêque d'Antioche, et le sénateur saint Juste furent dévorés par des chiens ; que les évêques saint Alexandre et saint Eleuthère, épargnés par les bêtes, eurent la tête tranchée sur l'ordre du préfet ; que d'innocentes vierges comme sainte Martine et sainte Prisque, des soldats convertis, des princes et des rois vaincus furent martyrisés. On y compta jusqu'à dix mille combattants obligés de s'entretuer, toutes issues fermées par les légions et les machines de guerre, « longue et héroïque phalange qui osa regarder en face la tyrannie antique et acheta de son sang l'affranchissement de la conscience humaine ». (*Jousset*).

Assis au centre de l'arène, je me suis efforcé de penser, de sentir l'impression morale que devait éprouver une de ces faibles victimes quand elle se voyait entourée de toutes parts de ces gradins, couverts d'une foule grouillante et hurlante, s'étageant jusqu'à cinquante mètres de hauteur. Quand elle voyait l'empereur sur son trône élevé, fantoche entouré de pourpre, l'empereur qui était tout, alors qu'elle allait devenir une loque sans vie, souillée de sable et de sang ! Quand, par l'arcade du Forum, elle voyait s'avancer les cortèges et qu'elle entendait s'ouvrir les verroux des ergastules sous le geste brutal des belluaires...

J'ai fermé les yeux et j'ai cru voir, dans un éclair, tout cela ; et j'ai pensé qu'il ne devait même plus y avoir de place pour l'effroi dans ces âmes déjà brisées par les tortures, par l'attente effarante dans la nuit des prisons souterraines, par les maladies contractées dans de longues privations ; dans ces âmes soutenues par la conviction de retrouver dans un instant le Père, le Christ que quelques-unes avaient connu et pour lequel elles mouraient.

Le jour fixé pour l'exécution devait être pour les chrétiens celui de la délivrance, et quand ils montaient, affaiblis, de la nuit des cachots vers la clarté éblouissante du cirque, ils devaient penser, en fermant les yeux, qu'ils allaient les rouvrir dans la lumière éternelle !

.*.

On peut monter d'étage en étage, par quelques escaliers qui ont été réparés, jusqu'au faîte de l'édifice. A mesure qu'on s'élève, on se rend mieux compte de la disposition de cet égorgeoir immense, monument de la grandeur et de la férocité romaines. Du sommet, la vue s'étend au loin sur la ville et sur la campagne.

Pendant toute la Renaissance, le Colisée a servi de carrière de pierre pour la construction des fastueux monuments qui s'élevaient partout dans Rome. Les palais Farnèse, Doria, Vénitien, Chancellerie, etc., y ont pris leurs plus beaux marbres et, au besoin, on cuisait le marbre pour en tirer de la chaux.

Cependant, ces murailles et ces voûtes sont tellement énormes, qu'un architecte du XVIIIe siècle s'étant amusé à faire le cube de ce qui reste et à l'estimer *suivant les prix du temps des Césars,* a trouvé qu'il y avait encore pour huit millions de matériaux bruts.

L'arène du Colisée reste ouverte la nuit ; on peut donc aller jouir de l'effet indescriptible qu'y produit un beau clair de lune. A certaines fêtes, la municipalité y fait allumer des feux de Bengale et il paraît qu'alors le coup d'œil est féerique. Les détails qui manquent à l'édifice, les parties ruinées disparaissent, l'œil ne saisit plus que l'ensemble et le *Colosseo* se détache seul dans la nuit, tour à tour livide ou sanglant !

CHAPITRE III

Rome — Le Forum

Au sud de la ville actuelle, trois collines de trente à cinquante mètres d'élévation sont disposées en triangle : le Capitole, le Palatin et l'Esquilin. Au centre de ce triangle, se trouvait un endroit marécageux qu'aux premiers temps de la fondation de Rome les habitants qui occupaient les hauteurs du Palatin desséchèrent au moyen d'un égoût, la *Cloaca maxima*, qui sert encore, et qui se jette un peu plus loin dans le Tibre.

C'est à cet emplacement à jamais fameux qu'eut lieu l'enlèvement des Sabines ; c'est là que Romulus et le chef de la nation voisine qui venait de perdre ses femmes, Tatius, se réconcilièrent, et c'est là enfin que s'éleva le Forum de la République.

Aujourd'hui, il ne présente plus que des ruines qu'il a fallu aller chercher sous dix à quinze mètres de décombres. Pendant près de mille ans, il était retourné à l'état de champ et s'appela jusqu'à nos jours *Campo vaccino*, champ aux bestiaux. Ce champ aux bestiaux recouvrait des milliers de colonnes de marbre, des bas-reliefs du plus fin travail, des mosaïques admirables, des arcs de triomphe, des fontaines et des piscines, les débris de plus de vingt temples ou palais, enfin les documents les plus sacrés de l'histoire romaine.

Du chaos majestueux de toutes ces ruines se dégage une tristesse infinie !

Comment tout cela se trouvait-il à une pareille profondeur ? On l'explique par des causes successives.

D'abord, les invasions barbares commencèrent les destructions ; puis la guerre du moyen âge contre le paganisme contribua à saper ce qui restait encore debout. Les seigneurs bâtirent, sur les décombres des anciens édifices, des châteaux et des forteresses qui furent renversés à leur tour au XII° siècle et qui contribuèrent aussi à exhausser le sol ; enfin l'abandon presque complet de la ville, qui était tombée de un million à vingt mille habitants ; les végétaux poussant dans toutes ces ruines et les recouvrant, pendant des siècles, de leur humus, finirent par niveler complètement ce qui avait été le centre, le cœur de la civilisation romaine.

Maintenant, les fouilles, entreprises depuis cent ans et continuées de nos jours par M. Boni permettent de remonter toujours plus avant dans l'histoire du passé. C'est ainsi qu'on a découvert, en 1898, plus bas que le niveau du Forum, une série de tombeaux creusés grossièrement dans la roche, datant des époques légendaires de Romulus et, en 1902, sous un pavage de marbre noir, tourment des archéologues, un fragment de colonne en tuf et une stèle couverte de caractères indéchiffrables dont on savait l'existence par les textes latins, lesquels déclaraient, déjà au temps de Cicéron, que cet idiome était si vieux qu'on ne pouvait le comprendre.

.•.

En partant de la base du Capitole et en se dirigeant vers le Colisée, situé à l'autre bout du rectangle que forme le Forum, on trouve donc successivement, très proches les uns des autres, des quantités de monuments ruinés dont quelques-uns sont d'un intérêt passionnant. Telle la prison Mamertine, cave souterraine voûtée, à deux étages, où saint Pierre fut enfermé et baptisa ses geôliers avec l'eau d'une faible source qui, suivant la tradition, jaillit du sol même du cachot par l'intervention miraculeuse de l'apôtre et qui, depuis, continue à couler. C'est aussi dans le caveau inférieur, communiquant avec l'autre par un simple trou à la voûte, que moururent quelques prisonniers de marque : Jugurtha, Séjan et notre grand Vercingétorix.

Poursuivant sa route, on rencontre l'*Umbilicus*, petite construction circulaire qui était le centre imaginaire de la Ville ; puis le soubassement du *Milliaire* d'or, colonne indicatrice de toutes les routes partant de la capitale.

Les Rostres, ou tribune aux harangues, sorte de plateforme où l'orateur pouvait se promener en parlant, et un peu plus loin, une autre tribune construite sur l'ordre de César, et où son corps fut brûlé devant le peuple après de grandioses funérailles.

On voit aussi les restes des temples de Julie et de Romulus ; la petite église de *Santa-Maria antica*, bâtie sur les murs de la bibliothèque d'Auguste, deux arcs de triomphe entiers aux deux bouts du Forum : celui de Septime Sévère et celui de Titus, tous deux chevauchant la *Voie sacrée*, qui traverse la place dans toute sa longueur et dont les larges dalles faites de quartiers de roches, comme pour résister au passage du genre humain, sont restées intactes.

C'est par cette voie que les triomphateurs parcouraient le Forum avant de monter au Capitole.

La *Colonne de Phocas*, élevée au centurion de ce nom, devenu empereur à force de crimes, dont le seul plaisir était de voir immoler sous ses yeux des bandes d'hommes enchaînés. L'inscription porte : « Au très excellent et très clément Phocas, toujours adoré, toujours auguste ! » Ce qui prouve qu'il y a deux mille ans comme aujourd'hui, la politique glissait facilement dans l'abjection.

.∗.

Je ne saurais entreprendre de décrire une à une les pierres du Forum, mais je voudrais au moins signaler une des ruines qui m'ont paru les plus suggestives : le petit temple rond de Vesta et le palais voisin où demeuraient les prêtresses.

Dans le temple, les vierges Vestales conservaient l'eau et le feu sacré ; le Palladium et les autres choses mystérieuses rapportées de Troie par Énée, auxquelles tenait, dans l'idée des habitants, le salut de Rome.

Le palais, qui avait la forme type des grandes maisons romaines, était leur collège ; c'est là que pendant dix années, encore enfants, elles s'instruisaient de leurs devoirs ; que pendant dix autres années elles les exerçaient et que pendant dix ans encore elles instruisaient les jeunes. Ensuite, elles pouvaient se retirer et même se marier, mais peu usaient de cette liberté. La plus ancienne avait le titre de grande Vestale.

Voici en quelques mots quels étaient leurs devoirs : Entretenir le feu et avoir de l'eau puisée à des sources spéciales ; faire le gâteau destiné aux sacrifices ; prier tous les jours pour le peuple romain ; célébrer certains sacrifices et être présentes aux grandes cérémonies civiles et religieuses.

En revanche, elles jouissaient de privilèges considérables : elles étaient au-dessus des lois, touchaient un gros traitement, avaient droit à un char, à un licteur et passaient avant le consul. Quiconque offensait leur personne sacrée encourait la peine de mort, mais si l'une d'elles manquait à ses vœux de chasteté, on l'enterrait vivante !

Leur palais était en maçonnerie recouverte de parements de marbres précieux ; le sol est encore orné de fines mosaïques. Une colonnade à deux étages entourait le monument, les fûts du bas en marbre cipolin veiné de vert, ceux du haut en brèche coraline.

On a dégagé six cellules qu'occupaient les prêtresses et découvert onze statues, plus ou moins endommagées des grandes Vestales Numisia, Terentia, Flavia, etc., érigées d'après les inscriptions par des parents ou des subalternes reconnaissants des bienfaits obtenus. Car on sait que les Vestales, dans leurs larges manches de fine laine blanche, avaient les bras non seulement fort beaux mais... très longs.

Aujourd'hui, — est-ce naturel ou cherché — ce seul coin du Forum a gardé un cachet poétique. Les lauriers et les myrtes ont poussé dans les chambres des vierges païennes, « très illustres et très saintes », disent les inscriptions. Çà et là, de petites roses thé brillent dans les fentes des marbres ; des touffes de lilas blanc et de boules de neige égrènent leurs pétales et promènent leurs ombres légères sur les mosaïques où glissaient sans bruit les sandales de celles qui, peut-être, quelques siècles plus tard, eussent entretenu dans leur cœur un feu plus idéal....

A droite du Forum, sur le Palatin, s'élèvent les gigantesques constructions des palais d'Auguste, de Tibère et de Calligula, reliées entre elles par des voies souterraines dont les marbres et les stucs attestent encore les somptueuses décorations que tous ces lieux avaient reçues.

A gauche, au contraire, existait un autre Forum, celui des empereurs, beaucoup plus vaste et encore plus riche au dire des textes romains. On a mis en certains endroits quelques vestiges à jour. Le reste est revenu à la terre d'où il était sorti. Rome y est bâtie dessus et il est probable qu'il restera à jamais inconnu.

CHAPITRE IV

Rome — Les Catacombes

Je ne les décrirai pas d'un bout à l'autre: il y en a huit cent soixante-seize kilomètres autour de Rome, d'après l'archéologue de Rossi qui les a particulièrement étudiées et, pour ainsi dire, découvertes. Mais pour ceux qui désireraient plus de détails que je n'en puis donner, j'indiquerai l'ouvrage de Wilpert sur les peintures des catacombes ; il a consacré trente-six ans à les étudier, ou celui de M. Louis Perret. Ils coûtent un peu cher: le premier 375 fr., le deuxième 1300 francs.

En dehors de la puissante suggestion qu'inspirent ces cimetières souterrains où tant de faits mémorables se sont passés, ils présentent un intérêt chronologique de premier ordre : celui de remplir le vide qui existe entre la Rome antique et la Rome chrétienne, les premières églises ayant complètement disparu ou ayant été transformées par les dorures ou les marbres dont la piété des papes crut devoir les recouvrir.

Toutes les catacombes ne sont pas à Rome, les juifs et les chrétiens ayant partout conservé la coutume d'enterrer leurs morts. Celles de Rome, qui commencent avec le premier siècle de notre ère, furent nettement chrétiennes. Les Romains brûlaient les corps.

Elles furent d'abord de simples sépultures de famille, des hypogées, des cryptes isolées creusées dans le tuf, pierre friable, au bord des routes qui pénétraient dans la ville. Peu à peu, le nombre des chrétiens et des martyrs augmentant, l'Eglise eut les siennes, entretint des fossoyeurs et finit par prendre sous sa dépendance toutes les sépultures chrétiennes.

Alors, à la place de cryptes isolées, on creusa des galeries au fur et à mesure que les corps arrivaient. Quand ces galeries devenaient trop longues, on ouvrait des ramifications que l'on reliait entre elles, puis on descendait d'un étage, de deux étages, de cinq même, comme à Saint-Calixte, et on recommençait.

On avait cru d'abord que d'anciennes carrières de pouzzolane avaient été utilisées pour y enterrer les morts, mais un examen plus approfondi de ces carrières et des catacombes, dont les galeries sont toujours plus étroites, a fait de nos jours abandonner cette opinion.

Il y a dans ces souterrains des ronds-points qui servaient de chapelles ; des chambres en forme de croix où l'on déposait trois sarcophages de personnages connus, de papes ou de martyrs.

On creusait dans les parois des galeries des cavités ayant exactement la longueur et la largeur des corps à y déposer ; on en superposait ainsi deux ou trois. A chaque instant on rencontre des niches pour enfants n'ayant pas plus de trente à quarante centimètres de long. La tombe était ensuite fermée au moyen de plaques de marbre ou de terre cuite et l'on écrivait dessus le nom du défunt ; ou bien, pour reconnaître l'endroit, on enchâssait dans le mortier encore frais une petite lampe sépulcrale ou un flacon.

.*.

Pendant le Ier siècle, les chrétiens, traqués comme les religieux d'aujourd'hui, avec cette différence qu'au lieu de leur enlever leurs moyens d'existence on leur enlevait tout de suite la vie, n'écrivirent leurs noms qu'en grec pour ne pas blesser les susceptibilités du fameux S.P.Q. R. (1) et gravèrent sur les marbres et les murs toutes sortes de symboles, d'allusions naïves et touchantes à leurs dogmes et à leurs espérances, que les plus humbles d'entre eux comprenaient, mais qui étaient des hiéroglyphes pour les païens.

On rencontre ainsi fréquemment de modestes dessins représentant un homme portant une brebis : c'est le bon Pasteur ; une momie qui marche, c'est la résurrection de Lazare ; une colombe qui veille sur un palmier tandis que sommeillent le berger et les moutons, c'est le gracieux symbole de la paix que le Christ vient d'apporter au monde ; Daniel entouré de lions ; Jonas vomi par la baleine ; l'allégorie des saisons rappelant les phases de la vie, etc. L'image de Jonas, qui est l'emblème de la résurrection, devait surtout plaire aux premiers chrétiens, car elle est répétée à satiété.

Le signe du *poisson* se retrouve aussi très souvent ; c'était le grand signe de ralliement, les lettres grecques du mot poisson composant la première de chaque mot de cette phrase : « Jésus-Christ, fils de Dieu Sauveur. » Les lettres I.P., *in pace*, avaient remplacé partout le fatidique D.M., *dis manibus*, qu'on lit sur tous les tombeaux païens sans exception.

Quand la religion chrétienne commença à être tolé-

---

(1) Senatus Populus que Romanus.

rée dans Rome, le latin remplaça le grec dans les inscriptions ; mais en même temps, la décadence de l'empire étant commencée, les peintures murales suivirent l'évolution de l'art profane, perdirent la naïveté et la pureté de conception de celles des Ier et II° siècles et devinrent informes.

Les catacombes furent plusieurs fois envahies par les légions romaines, pendant les réunions des fidèles, et ceux-ci massacrés dans les galeries mêmes.

On estime qu'environ un million de corps y furent ensevelis en trois siècles, dont deux cent mille martyrs. Vers la fin du IV° siècle, on les abandonna pour enterrer autour des églises ; elles tombèrent dans l'oubli le plus complet, les ouvertures se bouchèrent et ce n'est qu'en 1578, que des ouvriers terrassiers ayant mis par hasard à jour des galeries ornées de peintures, la découverte excita la curiosité générale. Des savants explorèrent ces souterrains et, peu à peu, des recherches méthodiques furent organisées.

*
* *

Les catacombes de Saint-Calixte et de Sainte-Agnès, que j'ai seules visitées, présentent toutes les particularités déjà décrites et qui se retrouvent à peu près les mêmes dans toutes les catacombes qui entourent Rome. On trouve dans les premières une crypte où furent enterrés quatre papes du IIIe siècle. Toutes les niches sont vides, — à Saint-Calixte du moins, les ossements ayant depuis longtemps été transférés au Panthéon, ou répartis dans les églises, mais on y a conservé deux sarcophages intacts qui ont été recouverts d'un verre. Dans l'un, le corps est entouré de bandelettes, comme les momies égyptiennes ; dans l'autre, il tombe littéralement en poussière. Seuls la tête et les os des jambes ne sont pas encore complètement réduits.

Les caveaux des martyrs se reconnaissent à 'a forme cintrée de la voûte ; les autres sont plats.

Le plus impressionnant de ces caveaux est celui où nous aperçûmes soudain, à la lueur vacillante de nos torches, la statue couchée de sainte Cécile dans la position exacte où le corps de la sainte fut découvert.

On sait que cette jeune patricienne, entraînée par une piété ardente, avait converti successivement son mari, son beau-frère et ses juges, qui lui avaient rendu la liberté. Arrêtée une deuxième fois durant la persécution d'Alexandre Sévère, elle affirma hautement sa foi devant ses juges qui s'efforçaient de la sauver, parla en termes méprisants des dieux romains et finalement fut condamnée à être asphyxiée dans sa salle de bains surchauffée et calfeutrée.

Au bout de vingt-quatre heures, comme cette épreuve n'avait donné aucun résultat, le bourreau vint lui trancher la tête, mais n'ayant pas réussi au troisième coup de sabre, il dut l'abandonner, la loi ne permettant pas de donner plus de trois coups. La sainte resta donc étendue à terre encore vivante, parla à de nombreuses personnes qu'elle convertit encore et ne mourut que le troisième jour.

Quand sa tombe fut ouverte, en 821, on retrouva, paraît-il, son corps intact. Elle était vêtue, couchée sur le côté, et avait la poitrine et la figure contre terre. Ses deux mains étaient fermées, sauf deux doigts de la main droite et un doigt de la main gauche, pour attester, disent les Actes, même après sa mort, sa croyance aux trois personnes en Dieu.

Son corps repose maintenant sous le maître-autel de Sainte-Marie du Transtevère, église qui fut construite sur sa maison même, aujourd'hui souterraine. La maison avait été consacrée comme église par Urbain II quelques années après le martyre de la sainte.

On descend directement de l'église dans la maison où se voient encore le cellier, la cave, la chambre à coucher, des mosaïques et divers ustensiles de ménage ayant appartenu à sainte Cécile.

CHAPITRE V

Rome. — Les Fresques du Vatican

A Rome, il n'y a pas à proprement parler de grands musées de peinture comme ceux de Florence, par exemple, du Prado ou du Louvre. Les œuvres de premier ordre sont disséminées dans différentes galeries qui possèdent au plus quatre à cinq salles chacune. Mais on admire des fresques avec lesquelles aucune autre collection ne peut rivaliser.

Tout le monde connaît, au moins de nom, la chapelle Sixtine, les Chambres et les Loges de Raphaël qui sont au Vatican.

A la Sixtine est le grand œuvre de Michel-Ange en tant que peintre, car nous retrouverons cet homme prodigieux dans les églises, comme sculpteur et architecte.

Cette chapelle, construite vers 1475, eut d'abord ses murs décorés dans leur moitié supérieure de quatorze fresques exécutées par les principaux maîtres florentins de l'époque. Elles représentent, d'un côté, l'histoire de Jésus-Christ, de l'autre celle de Moïse. La partie inférieure des murs était garnie de tapisseries exécutées sur des dessins de Raphaël.

Ces tapisseries sont maintenant exposées à part et remplacées par des imitations de tentures.

Michel-Ange fut chargé par le pape Jules II de dé-

corer le plafond de la chapelle et c'est là que l'artiste
donna la mesure de son génie. Comprenant que la sur-
face unie du plafond, en courbe surbaissée, se prêtait
mal à ce qu'il rêvait, il commença par diviser ce plafond en motifs d'architecture en grisaille imitant le relief: colonnes, piliers, caissons, corniches, pendentifs,
etc., et dans ces divisions qui rompaient la monotonie
de la voûte et l'animaient déjà de la vie architectonique,
il plaça ses différentes scènes dont la vie et le relief
sont tellement intenses, que dès qu'on les a contemplées
un instant, toutes les œuvres voisines paraissent s'effon-
drer.

Dans les divisions rondes ou triangulaires, il plaça
les prophètes et les sibylles, « êtres surhumains dont
le modèle ne se rencontre nulle part et qu'il est impossible après les avoir vus, même dans une simple estampe,
de n'en pas conserver à jamais le souvenir. » (*Armeng.*)

Dans les cadres du milieu, il créa les œuvres géniales
qui s'appellent la *Création de la lumière ; de la terre
et des eaux; la Création de l'homme* — (la plus célèbre) — et *de la femme*, œuvre d'une originalité charmante ; *la Tentation* et enfin l'*Histoire de Noé.*

Michel-Ange se jouait de la difficulté et semblait même la chercher. Il y a, notamment, un Jonas assis, faisant face au spectateur, dont les jambes sont en avant,
semblant sortir du cadre, et le buste ainsi que la tête
fortement inclinés en arrière, dans une position fuyante.
Or, en réalité, c'est le buste et la tête qui sont peints
dans la partie de la voûte la plus rapprochée du spectateur et les jambes qui sont peintes dans la partie courbe et fuyante qui est la plus éloignée.

Voilà les procédés qui étaient chers à Michel-Ange !
Voilà par quels artifices il obtenait ces effets de mou-

vement qui n'ont jamais été surpassés. « Une âme d'artiste porte tout un monde, le sien est ici tout entier. Il n'a rien fait de plus grand. Après quatre siècles il s'impose, subjugue, au point que tout paraît mesquin et sans vie lorsqu'on vient de contempler le plafond de la Sixtine. » (*Taine*).

Il commença son travail en 1508, tandis qu'à vingt pas de là Raphaël commençait la décoration des Chambres, et mit quatre ans pour le terminer. Ce n'est que trente ans après qu'il peignit sur le mur du fond, derrière l'autel, son *Jugement dernier*, qui est très délabré aujourd'hui, presque méconnaissable et qui a toujours été d'ailleurs diversement apprécié. L'artiste s'est inspiré d'un chapitre de l'*Enfer* du Dante ; il a composé un enchevêtrement de corps nus, d'études anatomiques dans les positions les plus variées, les plus osées et dont l'ensemble paraît monotone. Les détails, par exemple, contiennent une source inépuisable de modèles pour les dessinateurs.

.*.

On passe de la chapelle Sixtine dans les Chambres de Raphaël, qui étaient les salles de réception des papes Jules II et Léon X. Seul le jeune prodige d'*Urbino* pouvait affronter un pareil voisinage. On dit que son parent Bramante, architecte du Vatican, lui facilita le moyen de voir le premier, pendant une courte absence de Michel-Ange, le plafond de la Sixtine que cet artiste peu comme le cachait à tous les yeux avec un soin farouche jusqu'à complète terminaison. On dit qu'il profita de ce qu'il avait vu pour modifier immédiatement son style et élargir sa facture ; quoi qu'il en soit, il se mit à l'œuvre en 1508 et le continua jusqu'à sa mort en 1520.

Mais comme il ne pouvait suffire aux commandes qui affluaient de toute l'Italie, il disciplina une pléïade d'artistes qui travaillèrent sous sa direction, l'aidèrent à peindre plusieurs des fresques qu'il avait composées et même les terminèrent après sa mort.

« Si, au sortir de cette mêlée vivante de la Sixtine on passe aux Chambres de Raphaël, il semble que l'on entre dans une oasis tranquille, de beauté plus humaine. » (*Jousset*). On voit là successivement ces magnifiques fresques dont toutes les capitales ont des copies : *L'incendie du bourg* ; *Héliodore chassé du temple* ; *Attila arrêté aux portes de Rome par saint Léon I*er ; *Délivrance de saint Pierre* et enfin les deux plus célèbres : *L'Ecole d'Athènes* et la *Dispute du St-Sacrement*.

Dans la première, Raphaël a groupé sur le perron d'un palais les hommes que la Renaissance honorait pour leur intelligence et leur science, autour de Platon et d'Aristote. Dans la seconde, mal dénommée, il a peint la glorification de la Foi. Les fidèles, réunis autour d'un autel, voient dans le ciel Jésus-Christ et les héros de la Foi groupés autour de lui.

Dans toutes ces compositions, l'artiste s'est élevé à la perfection du genre. On les admire, on cherche à les expliquer, à y reconnaître des portraits du temps, à deviner les allusions souvent profondes qu'y a cachées le peintre ; on ne les discute pas. La critique s'incline, muette.

De là on passe aux Loges ou *loggie*, longue galerie dont le plafond a été décoré par les disciples de Raphaël, sous sa direction et d'après ses dessins.

Elles renferment de nombreux sujets tirés des scènes de la Bible, mais moins importants et moins bien conservés que ceux précédemment cités. Elles ont aussi le tort d'être vues après le reste. Cependant, avec de tels artistes, chaque sujet est encore une chose ravissante de grâce et mériterait d'être contemplé longuement. Mais à Rome on est pressé, et on sacrifie un peu les Loges à tout le reste.

.ᵛ.

Parmi les nombreux musées que renferme le Vatican, — le Pape n'occupant que la plus petite partie du palais, — il y a encore la salle des tapisseries exécutées sur les cartons de Raphaël ; la bibliothèque, qui contient plus de trente mille manuscrits des plus précieux et des plus anciens ; une collection de magnifiques cadeaux offerts aux papes ; une galerie d'objets provenant des catacombes, etc. Il y a aussi le musée étrusque, qui contient les beaux vases, les armes, les bijoux que ce peuple intelligent et précoce fabriquait environ quatre à huit siècles avant Jésus-Christ, au moment où Rome n'existait pas encore devant l'histoire et où le fer était à peine connu ; le musée égyptien, intéressant, mais moins complet que celui de Paris, etc.

Mais ce n'est pas un livre, c'est une bibliothèque qu'il faudrait pour énumérer les collections du Vatican ; et cependant, je n'ai pas encore parlé de la plus importante de toutes. Les *Antiques* feront, avec la peinture, le sujet d'un autre chapitre.

CHAPITRE VI

Rome — Sculpture et Peinture

Rome, et particulièrement le Vatican, possèdent des collections de statues antiques plus considérables que toutes les autres collections du monde réunies. Et cette quantité n'a pas été obtenue au détriment de la qualité, car on y voit en même temps la plupart des chefs-d'œuvre les plus célèbres de l'art grec.

Ce sont les Papes qui, depuis la Renaissance, ont constitué peu à peu cette collection unique du Vatican ; elle serait même plus importante encore si, vers la seconde moitié du XVI⁰ siècle, Pie V, qui n'avait probablement pas pour les arts le goût de ses prédécesseurs, n'avait distribué à l'étranger, en guise de cadeaux, un grand nombre de pièces de premier ordre.

Dès l'entrée, la vue est séduite par ces deux admirables chevaux de marbre blanc, cabrés au centre d'une petite salle en rotonde, qui traînent un char antique ayant longtemps servi de siège pontifical à l'église St-Marc.

On passe ensuite dans la salle des *Muses*, attribuées à Praxitèle. Elles sont intercalées avec les bustes des grands hommes de la Grèce, exécutés de leur vivant par des artistes pour qui faire ressemblant devait être un jeu. On a donc le sensible plaisir de voir les traits augustes de *Socrate*, bien qu'il ne fût pas beau, et de *Platon*, dont le front est plissé par les chocs du doute et de la vérité qui se heurtent dans son vaste cerveau. *Sophocle*, à la belle tête rêveuse ; *Euripide*, qui ressemble sensiblement au député Ribot, *Antisthène*, le cinique, qui devait être un « fort en gueule » ; *Alcibiade*, jeune homme élégant, bien peigné, et *Démosthène*, vraie tête d'avocat aux traits secs, barbe courte, regard incisif. Certainement la **tête la plus intelligente de toutes**.

Puis voici les portraits de quelques impératrices: *Plotine*, *Julie*, *Faustine*, etc., coiffées de torsades compliquées, ceintes du diadème. Figures belles, certes, bien en chair, plutôt douces. Les empereurs avaient toute liberté pour les bien choisir.

Ensuite le *Discobole*, l'*Antinoüs*, le *Satyre*, de Praxitèle, dont les lignes, quel que soit l'endroit où l'on se place, restent idéalement belles ; on s'arrête devant la statue d'*Auguste*, la meilleure de toutes celles qui existent, trouvée au Palatin dans le palais de Livie, et devant celles de *Titus et sa fille*, trouvées ensemble à St-Jean-de-Latran.

Voici *Ariane endormie*, ses magnifiques bras nus arrondis sur sa tête ; l'*Amazone* blessée, de Polyclète ; le *Doryphore* (guerrier) qui servit de *canon* pour la proportion des formes à toute l'antiquité et l'*Apoxiomène* de Lysippe, jeune homme d'une beauté accomplie. « C'est une joie, dit Springer, de s'imaginer le mouvement de la main gauche, le léger balancement du corps sur les hanches, le jeu séduisant de toute la musculature. »

Mais nous arrivons aux quatre cabinets qui contiennent les œuvres rarissimes du musée : *le Laocoon* dont les copies et moulages sont loin de donner une idée complète ; l'*Apollon* du Belvédère et le *Mercure*, de Praxitèle, œuvres parfaites, connues du monde entier, et dont la description serait oiseuse.

Le dernier cabinet contient le fameux *Torse*, qui passe pour le chef-d'œuvre des chefs-d'œuvre, mais qui, malheureusement, n'est qu'un fragment de statue d'homme, probablement un Hercule, depuis les genoux jusqu'aux épaules.

Michel-Ange, dans son extrême vieillesse, devenu aveugle, se faisait conduire devant ce marbre mutilé et prenait plaisir à y promener ses mains.

Outre le musée du Vatican, il y a encore ceux du Capitole, des Thermes, des Conservateurs, qui renferment des centaines de statues complètes ou en morceaux provenant des fouilles faites dans l'enceinte de la ville et dans les environs.

Le musée des Thermes a le célèbre groupe du *Gaulois et sa femme* : Poursuivi par l'ennemi, il a donné le coup de grâce à sa femme qu'il soutient d'une main et de l'autre, il se plonge un glaive dans la gorge, en faisant face à l'ennemi.

Au musée du Capitole sont le *Gladiateur mourant*, dont il y a des reproductions partout, et l'*Aphrodite de Cnide*, marbre blond, œuvre merveilleuse de Praxitèle, seule dans un petit salon rouge qu'elle illumine de sa divine beauté.

Enfin les Conservateurs ont la *Louve* romaine, bronze antique du VI° siècle avant J.-C. Elle se trouvait déjà sur cette place du Capitole, où est situé le palais actuel, l'an 65 avant J.-C., lorsqu'elle fut frappée par la foudre qui lui fondit à moitié les pattes de derrière. Elle est restée telle quelle depuis cette époque.

La peinture est plus disséminée et il n'y a pas à Rome de grandes galeries comparables à celles des Offices ou du Palais Pitti à Florence.

Au Vatican même, il y a quelques œuvres hors de pair, mais en petit nombre. Elles proviennent en grande partie des toiles enlevées par Napoléon dans les églises italiennes, restituées en 1815 et réunies par Pie VII : La *Communion de Saint-Gérôme* et la *Transfiguration de Raphaël* sont, naturellement, les deux œuvres qui attirent le plus les regards. Puis la *Madone de Foligno*, peinte par cet artiste avant son départ définitif pour Rome. Un beau Titien, quelques Pérugin dans la forme soignée qu'affectionnait ce maître. Le *Crucifiement de saint Pierre* du Guide, dans lequel la pose de ce vieillard, raidissant son torse pour éviter d'avoir la tête en bas, inspire la pitié, et la *Mise au tombeau*, du Caravage, composition réaliste dont les énormes qualités balancent les non moins énormes défauts.

Il faut aller ensuite dans les galeries particulières pour retrouver quelques perles au milieu de beaucoup d'œuvres de second ordre.

Au casino Borghèse, nous voyons une *Danaë*, du Corrège, très célèbre, mais qui est loin de notre *Anthiope* du Louvre ; quelques délicieux Albane et Carlo Dolci, notamment cette vierge si connue qui maintient son voile bleu avec son pouce ; l'*Amour sacré et l'Amour profane*, du Titien, songe poétique qui enchante à la fois l'œil et l'imagination et qu'on n'oublie plus quand on l'a vu une fois ; la *Mise au Tombeau*, de Raphaël, œuvre de sa seconde manière qui ne produit pas moins une poignante émotion si l'on consacre quelques instants à étudier les expressions, la gradation de la tristesse sur les figures, le chagrin contenu des saintes femmes, la désolation de Magdeleine et l'atroce douleur de la Vierge, qui tombe évanouie.

A la galerie Barberini, autrefois très importante, est une réplique de la *Fornarina de Raphaël*. Les autres belles toiles ont été mises, loin des regards profanes, dans les appartements particuliers de l'ambassadeur d'Espagne.

A la galerie Doria, un merveilleux portrait d'Innocent X par Velasquez et quelques Claude-Lorrain de premier ordre.

Le palais Corsini, avec un beau Murillo, montre surtout les eaux-fortes originales de Rembrandt, si célèbres à juste titre, mais où il paraît avoir choisi systématiquement ses modèles parmi les types les plus laids qu'il ait pu trouver. Je vous recommande un *Adam et Eve* si vous voulez savoir ce qu'étaient les pithécanthropes velus préhistoriques. Il y a aussi quelques gorilles ailés qui ont la prétention d'être des anges.

Mais cela n'empêche pas le dessin et le procédé technique d'être merveilleux.

La galerie Colonna a douze paysages intéressants de notre concitoyen N. Poussin et le palais Rospigliosi le chef-d'œuvre du Guide, artiste heureux, admiré, mondain, qui prétendait « avoir deux cents manières différentes de faire regarder le ciel par de beaux yeux. » Son *Aurore* est l'œuvre la plus copiée qu'il y ait à Rome : Le dieu du jour est sur son char, entouré par les Heures dansantes et sur le devant, à travers l'air, la première Heure matinale jette des fleurs. Il y a dans cette peinture des tours de force de tonalité, de contrastes et de valeurs.

Mais c'est à la Farnésine qu'il vous faut courir si vous voulez savoir ce que pouvait faire Raphaël dans le genre profane, qui n'était pourtant pas le sien.

Il a choisi pour décorer le plafond de ce petit palais les différentes phases d'un gracieux conte d'Apulée et en a composé douze grandes illustrations ravissantes. Voici l'histoire en quelques mots: 1. la jeune Psyché est si belle que Vénus en devient jalouse et ordonne à son fils de lui inspirer un amour vulgaire. — 2. Mais le petit Cupidon, qui s'y connaît, la trouve si gentille qu'il en « tombe » lui-même amoureux. — 3. Vénus, furieuse, met son fils en pénitence. — 4. Puis elle monte sur son char, attelé de colombes. — 5. Et va demander humblement à Jupiter de lui prêter Mercure. — 6. Mercure part à la recherche de Psyché, la trouve et la ramène. — 7. Vénus, qui a décidément de la rancune, tourmente la jeune fille de toutes les manières et l'envoie, comme par hasard, chercher une boîte en enfer (!) espérant bien ne plus la revoir. — 8. Psyché, triomphante, rapporte la boîte. — 9. Alors Cupidon, n'y tenant plus, s'échappe de sa prison de nuages et va demander la main de sa chère Psyché à Jupiter. — 10. Celui-ci la lui accorde et l'embrasse par-dessus le marché. — 11. Psyché, bien émue, paraît devant l'assemblée des dieux aux grandes barbes ; elle boit à la coupe qui la rend immortelle. — 12. Grand lunch assis, nectar et ambroisie, l'Olympe est en fête.

Comme on le voit, Raphaël, qui avait à décorer une salle de festin, a glissé habilement sur les sujets tristes ou sérieux et s'est arrangé pour que les yeux ne se re-

posent que sur des motifs consacrant les jouissances de-
la vie, respirant le plaisir et le bonheur.

Il y a merveilleusement réussi. Ces gracieuses fresques.
laissent un souvenir ineffaçable ; quiconque les a vues.
désire les revoir.

CHAPITRE VII

Rome — Les Églises

Que de fois, en visitant les églises de Rome, en levant les yeux vers leurs plafonds bas et vers ce qui leur tient lieu de façade, j'ai pensé à nos églises gothiques! Aux cathédrales de Paris ou de Reims; à ces bijoux: St-Maclou ou la Ste-Chapelle!

S'il est vrai qu'un temple doit être avant tout « une religion qui parle » nos cathédrales, avec leurs jours diaprés et leurs ombres mouvantes; leurs forêts de colonnes qui montent d'un jet prodigieux former les berceaux suspendus des voûtes; avec leurs rosaces aux feux chatoyants et adoucis, aux scintillements de pierreries mystiques, parlent à l'âme à mesure qu'on avance et lui imposent des pensées chrétiennes; mais les églises italiennes n'évoquent que des idées de luxe et de curiosité. Ce sont de magnifiques salles de banquets et de fêtes pour hôtels de villes, pour palais princiers où les mystères de la foi ne savent où trouver asile.

La piété des fidèles, la munificence des souverains et la puissance des papes ont accumulé dans ces églises des richesses que les fortunes réunies de toutes les familles régnantes d'Europe ne pourraient, paraît-il, égaler.

Un auteur estime le nombre des églises romaines à quatre cent soixante-dix; le *Bædeker*, qui ne donne que les plus intéressantes, en mentionne cent soixante.

J'en décrirai quatre, de types différents, bien succinctement d'ailleurs, car un gros livre ne suffirait pas à les étudier en détail.

Toutes peuvent se rapporter à trois types architectoniques: la basilique, la croix grecque et la croix latine.

.

Saint-Jean de Latran, l'une des plus anciennes basiliques romaines, fut fondé au IV° siècle par Constantin le Grand et détruit trois fois par des incendies. L'église actuelle date de la fin du XIV° siècle ; on l'appelle parfois la basilique d'or, par allusion aux immenses trésors qu'elle renferme.

Elle est en quelque sorte métropolitaine, le Pape étant à Saint-Jean de Latran, évêque de Rome, comme il est à St-Pierre, chef de l'Eglise universelle.

On entre dans l'église par cinq portes correspondant à autant de nefs. Trente-six colonnes soutenaient autrefois le plafond plat, entièrement doré, dont les moulures sont dit-on attribuées à Michel-Ange. Ces colonnes ayant paru manquer de solidité, on les encastra deux par deux dans d'énormes piliers et dans ceux-ci furent creusées des niches ornées de vingt-quatre colonnes en vert antique, où l'on mit les statues colossales des douze apôtres.

Le tabernacle gothique du maître autel, où le Pape seul ou son représentant peuvent dire la messe, est sculpté à jour et s'appuie sur quatre colonnes de porphyre. Ce tabernacle renferme les crânes de saint Pierre et de saint Paul placés eux-mêmes dans des boîtes d'argent enrichies de diamants. A gauche du transept, les regards éblouis se portent sur l'autel du Saint-Sacrement orné d'un tabernacle en pierres précieuses.

C'est dans cette chapelle que doit reposer le corps de Léon XIII quand son monument sera terminé.

Mais la merveille de Saint-Jean de Latran est la chapelle Corsini, d'une richesse incomparable. Là sont accumulés les marbres les plus rares ; porphyre, jaspe, agathe, serpentine, albâtre oriental, vert et jaune antiques et d'admirables bronzes dorés.

Si l'on sort par la porte de l'orient, ouverte seulement à certaines occasions, on rencontre le Saint escalier, composé de vingt-huit marches de marbre blanc qui viendraient de la maison de Pilate, à Jérusalem, et que le Christ a montées et descendues. Cet escalier ne se gravit qu'à genoux.

Pour aller à St-Paul hors les murs, on sort de Rome par la porte St-Paul, où l'on voit en passant la pyramide de Cestius qui a servi de tombeau à ce tribun (12 ans av. J.-C.). On rencontre ensuite une petite chapelle qui désigne l'endroit où saint Pierre et saint Paul se firent leurs adieux en marchant à la mort et quelque cent mètres plus loin, on arrive à la basilique.

Jusqu'en 1823, St-Paul hors les murs était la plus intéressante, en même temps que la plus grande et la plus belle basilique de Rome. Elle datait de l'an 386 et était intacte. Un incendie la détruisit entièrement à cette époque, sauf le chœur. Elle a été reconstruite en respectant le plan primitif et, toute neuve qu'elle est, elle produit un effet saisissant par son opulence et sa grandeur. Mais c'est plutôt la salle de fête d'un palais qu'une église ; tout caractère sacré en est absent.

Les quatre-vingts colonnes de granit des cinq nefs, reliées par des arcs en plein cintre, se reflètent dans les mosaïques polies du pavement en même temps que les caissons du plafond chargé d'or et d'émaux.

L'église a 143 mètres de longueur et 65 mètres de large ; en se plaçant au fond, le regard ne perçoit que des colonnes, des marbres polis comme des glaces et des dorures, et s'étend par dessous l'arc triomphal du chœur, décoré de mosaïques du V° siècle fortement restaurées, jusqu'au mur circulaire de l'abside au milieu duquel est placé, comme dans les basiliques primitives, le trône épiscopal.

Une façade monumentale encore en construction, dont le portique est supporté par de magnifiques colonnes monolithes en granit du Simplon et décoré de mosaïques modernes, représentant les Prophètes et divers sujets symboliques, terminera noblement cette œuvre énorme de réédification qui doit remplacer la vieille basilique détruite et toujours regrettée.

..

Maintenant que nous avons vu, quoique bien succinctement, deux églises géantes et comblées de richesses, nous allons passer sous terre à la façon du père d'Hamlet, mais sans nous faire traiter comme lui de vieille taupe, espérons-le. Nous allons allumer des torches et descendre à Saint-Clément derrière un sacristain en soutane noire protégée par un tablier blanc en calicot, à manches et à collerette tuyautées comme en portent les petites filles.

Je n'ai vu qu'à Saint-Clément des sacristains de cette... nature.

Ici, plus de dorures ni de marbres, de simples pierres et de la terre battue ; contre les murs quelques inscriptions sur des stèles et quelques fresques à demi effacées datant de sept différents siècles. On y voit le Christ bénissant à la manière grecque, avec l'index et le medius ; saint Clément officiant en présence de Théodora convertie au christianisme ; Sisinus faisant enchaîner une colonne à la place de ce saint, etc.

Cette vieille église avait été construite sur les ruines de la maison de saint Clément, troisième successeur de saint Pierre, qui fut martyrisé en Asie Mineure. Elle est déjà mentionnée par saint Jérôme en 392, et en 418 un concile y fut tenu. Comme elle tombait en ruines au XII⁰ siècle, elle fut remblayée et on construisit par dessus l'église actuelle qui est elle-même d'un âge honorable par conséquent et dans laquelle on transporta les clôtures du chœur et les *ambons* de l'église souterraine.

C'est la basilique de Rome la mieux conservée dans sa forme primitive, c'est-à-dire avec *atrium* ou cour antérieure entourée de colonnes, trois nefs sans transept, et abside en hémicycle contre lequel s'appuient les stalles du clergé, encadrant symétriquement le siège pontifical.

Le fond de l'église et les murs latéraux sont décorés de charmantes mosaïques représentant des fruits et des oiseaux, de petits génies chevauchant des dauphins, des pâtres caressant des agneaux, « tout cela frais, naturel, vivant encore, parfumé d'art antique, s'harmonisant délicieusement avec l'inaltérable parure de mosaïque dont sont drapées les murailles et le pavé de ce temple qui ne sait pas vieillir ! Ainsi l'entendaient les premiers chrétiens ; leur piété, mise pourtant à une rude épreuve, n'avait rien de rogue ni de compassé : les premières basiliques respirent une joie tranquille. » (*Jousset*).

CHAPITRE VIII

Rome — Les Églises

Une place montante qui se découvre ainsi d'un coup d'œil tout entière ; deux superbes colonnades qui l'enserrent de leur courbe harmonieuse ; un obélisque au centre et, sur les côtés, deux fontaines aux eaux jaillissantes ; au fond, la place se renfle comme une croupe ; des escaliers ; un entassement de frontons, de colonnes, de statues, puis un dôme énorme, aérien, bleuâtre sur le ciel bleu. C'est Saint-Pierre !

Il ne paraît pas beau, ce dôme, le premier jour, puis, lentement, il vous captive. Quand on quitte Rome, on est certain qu'il n'y en a pas aux lignes plus nobles ni mieux proportionnées.

Le Panthéon et les Invalides, Saint-Paul à Londres et le Dôme à Florence sont trop juchés ou trop écrasés ; aucun n'a cette pureté de forme incomparable.

Cependant on a tout fait pour lui nuire ; on a ajouté aux plans primitifs un énorme portique qui masque le manchon du dôme et fait paraître celui-ci trop écrasé, de sorte qu'on ne peut juger de l'effet de la place même et qu'il faut être sur un point élevé et assez éloigné, tel que l'avenue Marguerite, par exemple, pour embrasser d'un coup d'œil l'ensemble grandiose de Saint-Pierre.

.˙.

La première basilique construite sur cet emplacement aurait été, comme Saint-Jean de Latran, Saint-Paul, Ste-Agnès et plusieurs autres, fondée par l'empereur Constantin au IVe siècle. Elle s'élevait sur les ruines du cirque de Néron où était conservé le cercueil en bronze de saint Pierre. C'est là qu'en l'an 800 Charlemagne reçut la couronne. La basilique était entourée d'églises plus petites, de chapelles et de couvents.

Vers le XVe siècle, cette église menaçant ruine, plusieurs architectes furent conviés à concourir pour sa reconstruction. On voit à Florence, aux *Offices*, les nombreux plans et dessins relatifs à ce concours. Le génie de Bramante l'emporta sur tous ses rivaux ; son rêve était de faire une église en forme de croix grecque, c'est-à-dire ayant ses quatre bras de même longueur, avec un dôme au centre et quatre plus petits à l'extrémité de chaque bras. Mais Bramante mourut et les architectes qui lui succédèrent commencèrent à démolir pour reconstruire, à apporter toutes sortes de modifications au plan primitif.

En 1547, Michel-Ange fut à son tour chargé des travaux. Il reprit les plans de Bramante en renforçant simplement l'épaisseur des murs ainsi que les quatre piliers du centre de la croix qui supportent à eux seuls la coupole. Il ajouta toutefois un vestibule précédé de colonnades, surmonté d'un fronton.

Malheureusement, Michel-Ange disparaît à son tour, et Paul V, privé des conseils de ce grand homme, a l'idée malheureuse de revenir à la croix latine. On prolonge alors la nef et Maderna construit la façade avec cet énorme vestibule de style *baroque* qui, de près, masque l'essor harmonieux de l'édifice.

Notre opéra, à Paris, a coûté quarante millions, et l'on s'accorde à trouver qu'on a fait une folie ; à la fin du XVIIᵉ siècle, Saint-Pierre en avait coûté deux cent trente-cinq, chiffre qui approcherait du demi-milliard avec notre monnaie actuelle.

.*.

Cette basilique est donc la plus coûteuse en même temps que la plus grande église du monde ; elle a 187 mètres de longueur intérieure, 60 mètres de largeur et 46 mètres de hauteur sous la voûte. La croix du dôme s'élance à 132 mètres dans les airs. Quand il n'y a pas 50.000 personnes dans l'église, on y circule très à l'aise.

Est-elle la plus belle? Est-elle vraiment le centre mystique où bat le cœur de l'Eglise universelle ?... On peut répondre hardiment : non !

C'est un palais splendide où la fleur des artistes de la Renaissance ont accumulé les matières les plus coûteuses, les décorations les plus riches ; mais la piété n'habite pas cette ville de marbre où la lumière crue entre à flots par des fenêtres carrées, dépourvues de vitraux.

Cependant, il ne faudrait pas conclure de là que ce temple immense soit sans intérêt artistique.

Il faut faire un effort de volonté, oublier nos vieilles cathédrales, les gemmes de leurs verrières, le silence sacré des ombres sous les fines ogives des nefs ; il faut penser à l'époque fastueuse qui vit la fondation de cette église, à la vie toute extérieure de ses artistes, au but poursuivi et à sa destination.

Alors on la comprend ; on ne la sent plus en chrétien,

mais on en jouit en artiste, en amateur de belles choses et, à ce point de vue spécial, elle est un chef-d'œuvre des hommes.

Saint-Pierre n'a que trois nefs. On y entre par la porte centrale, en bronze, couverte de bas-reliefs représentant des scènes de l'Ancien Testament. A droite est la porte Sainte, murée, qui ne s'ouvre que tous les vingt-cinq ans, aux époques de jubilé.

Chose étrange, on n'est nullement frappé par les dimensions inusitées de l'édifice. L'église ne paraît pas plus grande, au premier abord, que Saint-Jean de Latran, ou Saint-Paul, ou encore la cathédrale de Florence. Celle de Milan paraîtrait plutôt plus grande avec ses cinq nefs ; elle a cependant cinquante mètres de moins. C'est que Saint-Pierre a des proportions merveilleuses, qui trompent l'œil à chaque instant et qui feraient même douter de certaines dimensions données si elles n'étaient affirmées officiellement et par tous les auteurs.

On cite à ce sujet comme curiosités les deux bénitiers de l'entrée représentant des coquilles portées par des amours: les coquilles contiennent cent litres d'eau bénite, et les amours feraient des tambours-majors joufflus de deux mètres de haut. Le cierge pascal a la hauteur d'un premier étage ; les piliers qui supportent le dôme, 71 mètres de tour. Saint Marc, évangéliste, tient une plume qui a 1 m. 50 et les anges qui planent tout là-haut dans la coupole, à peine visibles, sont beaucoup plus grands que nature.

Mais le baldaquin du maître autel, porté par quatre colonnes torses, est plus étonnant encore. On donnerait à ce baldaquin, qui paraît, en somme, de la dimension de tous les baldaquins, 7 à 8 mètres de hauteur et l'on penserait être large. Or, il a 29 mètres et est plus haut, par conséquent, qu'une maison de six étages ! Il fut construit avec le bronze des ornements arrachés au Panthéon d'Agrippa, seul monument antique qui était resté intact, et il pèse 63.000 kilos.

.˙.

Ce qui est resté des plans de Bramante et Michel-Ange, la nef, le transept et le dôme sont ce qu'il y a de plus parfait et de plus impressionnant dans Saint-Pierre. La nef est recouverte d'une magnifique voûte en berceau, à caissons richement décorés ; la croisée du transept et des nefs, malgré la richesse des parements de marbre, est d'une majesté, d'une simplicité grandioses, et la coupole, sobre de décoration, inondée de lumière, suspendue sur le vide à 123 mètres de hauteur, produit un effet de stupeur. Mausolée sublime érigé dans l'azur pour recouvrir quelques ossements qui tombent en poussière : ceux de l'apôtre auquel la basilique est dédiée : *Tu es Petrus et super hanc petram ædificabo ecclesiam meam.*

C'est juste sous le dôme que se trouve le maître-autel, situé directement au-dessus d'une crypte, *la confession,* où est placé le tombeau de saint Pierre. Quatre-vingt-dix lampes en bronze doré, toujours allumées, entourent la crypte où l'on peut descendre auprès du sarcophage. L'autel, où le Pape seul peut dire la messe, est tourné, comme dans toutes les églises italiennes, du côté du chœur, de sorte que le prêtre qui officie fait face au public.

A droite de l'autel, entre deux des piliers de la nef, est la statue de bronze de l'apôtre sur l'origine de laquelle les opinions diffèrent. Les uns prétendent qu'elle est antique, d'autres qu'elle n'est pas antérieure au

XIII° siècle. Le pied droit, baisé depuis des siècles par des millions de fidèles, a son extrémité sensiblement diminuée.

La basilique renferme de nombreux tombeaux de Papes somptueusement décorés ; il y a peu de tableaux, — dans les chapelles seulement, — et ce sont généralement des copies en fine mosaïque des originaux des musées. Le Bernin, au XVII° siècle, a rempli l'église de statues monumentales dans ce style dit *baroque* dont les allures maniérées, les poses compliquées, les gestes extravagants annoncent la décadence et sont indignes de l'édifice.

Cependant, dans la première chapelle, un groupe fait exception : c'est la *Pieta* de Michel-Ange, œuvre qu'il exécuta jeune encore, mais qui n'en est pas moins un pur chef-d'œuvre. La beauté de la Vierge, malgré sa douleur, et la grâce que la mort n'a pu détruire dans le corps de son fils impriment à ce groupe une beauté antique.

Au-dessus d'une arcade, à droite de la grande chapelle du chœur, est le tombeau provisoire de Léon XIII, fort simple: un sarcophage en marbre blanc tout uni surmonté de la tiare pontificale.

Pour faire l'ascension du dôme, il faut une matinée entière. Une rampe en spirale conduit d'abord jusqu'au toit d'où l'on découvre déjà une foule de petits dômes et de constructions qu'on ne peut apercevoir de la place ; ensuite on entreprend l'ascension du dôme proprement dit par un escalier qui passe entre la coupole intérieure et la calotte extérieure. On y voit d'énormes cercles de fer qui furent placés au XVIII° siècle pour arrêter des crevasses qui s'y étaient ouvertes. On arrive enfin à la *lanterne* qui est sous la boule de cuivre supportant la croix ; de là, la vue s'étend sur toute la ville, sur la campagne et même jusqu'à la mer.

Si l'on n'est pas trop nerveux, ni trop sujet au vertige, il faut alors plonger un regard dans l'église. On n'aperçoit presque plus les mausolées, les autels, les statues colossales ; ça et là, quelques microbes noirâtres vont et viennent au fond du gouffre immense et l'on a peine à se figurer que ce sont des microbes semblables qui ont élevé cette montagne de marbre grâce à la puissance des papes et au génie de Bramante et de Michel-Ange.

CHAPITRE IX

L'Audience du Saint-Père

J'avais obtenu, par l'intermédiaire d'un ecclésiastique français occupant à Rome une haute situation, une lettre de recommandation pour le cardinal Bisleti qui est chargé de l'examen des demandes d'audience.

Je me présente à la *Porte de bronze* et montre ma lettre à un sergent de la garde palatine qui me dit: « Il faut laisser ici la canne » et m'indique de la main un majestueux escalier.

Je remercie et je monte.

A la porte de l'antichambre du cardinal, un huissier, à qui je remontre ma lettre me dit: « Il faut laisser ici le chapeau et le pardessus ».

— Mais peut-être ne verrai-je que le secrétaire, fais-je observer.

— Alors, il faut laisser le chapeau seulement, dit le Suisse.

Je remercie encore, — il est toujours bon de remercier, en Italie, quand on ne vous fait rien payer — et j'entre.

— Qu'est-ce qu'il faudrait bien laisser, pensai-je, si j'allais voir le cardinal Méry del Val lui-même?

L'antichambre était pleine de solliciteurs auxquels deux secrétaires répondaient brièvement. Les uns ressortaient après avoir remis leur demande, les autres étaient introduits à tour de rôle chez le cardinal.

Je ne fus pas peu surpris lorsque, avant d'avoir ouvert la bouche et montré ma lettre, le secrétaire me dit de la part de qui je venais. Comment le devina-t-il ?...

Au Vatican, tout est mystère.

Dix jours après, je recevais par un porteur un pli aux armes pontificales.

Sa Sainteté recevra M... le... à 11 h. 3/4.

Les dames en noir et voilées. — Les messieurs en frac et cravate blanche. — Les Monsignori en, etc... — Les abbés, etc.

Il est interdit de présenter des photographies au Saint-Père pour les lui faire signer.

Le majordome de Sa Sainteté.

N'ayant pas l'habitude de voyager avec un costume de soirée dans ma valise, j'avais demandé, pour être plus libre, à passer dans une fournée de pèlerins, mais on n'avait pas tenu compte de ce désir.

Il ne me restait plus qu'à aller louer un habit.

L'habit que j'essayai m'allait comme un gant. Il n'avait encore subi qu'un nombre normal de polkas et de cake-walk, c'était parfait, mais les pantalons étaient tous trop longs. Le tailleur s'échauffait à prendre des mesures, il bouleversait des fonds de placards aussi inexplorés que certains coins des catacombes. Enfin il exhuma un pantalon qui avait juste la longueur voulue, mais qui était déplorablement avantagé comme largeur. Etalé sur une table, il formait à peu près un carré parfait et devait bien remonter au temps de Louis-Philippe.

— Donnez toujours, dis-je au tailleur. Mieux vaut encore ceci que rien. On me prendra pour un homme d'un autre âge, voilà tout, et puis mon pardessus va en cacher la plus notable partie.

Mais le tailleur ne comprit pas et dut trouver que je n'étais pas exigeant.

La grève battait son plein, il fallut aller à pied au Vatican.

A mesure que j'avançais, je rencontrais d'autres messieurs en cravate blanche et pantalon noir, qui convergeaient vers la *porte de bronze*, mais aucun ne pouvait se dire aussi généreusement pourvu que moi.

Quelques boutiquiers jetaient un coup d'œil rapide et étonné sur mes extrémités flottantes, mais en Italie on n'a pas l'esprit moqueur ; on voit tant de gens, et qui viennent des endroits les plus reculés ! Tout allait bien.

Des dames aussi se rendaient à l'audience et, ma foi, elles n'avaient rien à m'envier. En noir et mantille, d'accord, mais quel noir ! Prises un peu au dépourvu, elles aussi, certaines s'étaient confectionné à la hâte des combinaisons inénarrables. D'autres, au contraire, clientes des grands hôtels ou romaines de distinction s'avançaient dans une tenue dont la sobriété de rigueur cachait à peine le grand luxe.

.˙.

A l'entrée de la cour Damase, où se tient la garde Suisse, les lettres d'invitation sont vérifiées une première fois, puis à l'entrée d'une antichambre elles sont vues une deuxième fois et enfin on passe dans une vaste salle garnie de sièges où les lettres vous sont retirées et où l'on dépose chapeaux et manteaux. Ceux qui ont cru devoir se munir de beaux gants blancs sont également priés de les faire disparaître.

Cette salle, entièrement peinte à fresque, produit grand effet. Des gardes, armés de la carabine, sont à toutes les portes et des huissiers, somptueusement vêtus d'un costume de velours frappé, cramoisi, assurent le service et reçoivent les visiteurs.

Mais les invités continuent à arriver. Des religieuses, des ecclésiastiques de tous ordres, en violet, en blanc, ou avec des écharpes de diverses couleurs ; des jeunes filles couvertes de dentelles blanches... Le coup d'œil devient très beau, mais le noir et les mantilles dominant, on se croirait plutôt à la Cour d'Espagne. Tout le monde a dans les mains des croix, des médailles, des chapelets qui iront bientôt vers tous les points du monde apporter à ceux qui n'ont pas pu venir un peu de la bénédiction papale.

Bientôt, la foule augmentant toujours, on fait passer une partie des visiteurs dans de petits salons contigus, richement décorés, où se trouvent également des gardes de service en grande tenue. On cause à voix basse ; chacun se demande si le Pape va venir là ou bien si les fidèles vont être appelés à défiler devant lui. Mais l'incertitude est de courte durée. Les huissiers font passer tout le monde dans une salle beaucoup plus grande que la première, décorée avec une magnificence inouïe. Le plafond, à caissons ciselés en relief, est entièrement doré, les murs sont couverts de tableaux, le parquet est tendu d'un épais tapis à grands feuillages. Sur l'un des côtés de la salle s'élève sur trois gradins, le trône pontifical. J'ignore le nom de cette salle ; c'est une des mille du Vatican, puisque tel est, paraît-il, le nombre des pièces que contient ce palais, le plus vaste du monde.

Les huissiers disposent la foule tout le tour de la pièce garnie de chaises très serrées, de façon qu'il n'y ait aucun vide. Nous sommes en ce moment deux cents ; j'entends dire que c'est peu. Ils viennent cueillir deux dames en toilettes claires qui ont pu se faufiler jusqu'ici et les placent dans un vestibule où Pie X doit passer.

On attend encore quelques minutes car le Pape a des audiences privées, puis soudain un garde entre et fait un geste. Mue comme par un ressort, toute la foule est debout, toutes les têtes se tournent vers la porte par laquelle va paraître le Saint-Père.

L'escorte fait son entrée: des huissiers en grande livrée, trois officiers couverts de broderies, deux camériers et enfin le Pape, tout blanc, ceinture de moire blanche et petite calotte ronde recouvrant la tonsure.

Immédiatement il commence à passer devant chaque fidèle agenouillé et lui fait baiser sa large bague, l'*anneau du pêcheur*.

Il paraît triste et fatigué. Il marche à petits pas, comme écrasé par le poids du rôle qu'il est appelé à jouer et auquel, dans son humilité bien connue, il n'avait certes jamais songé. Sa figure ronde, intelligente et bonne est bien telle que les photographies la représentent. Son teint est brun, un peu plombé, sa taille tout au plus moyenne. On ne saurait être plus simple, moins théâtral que lui. Ce vieillard, placé comme hors du monde dans sa solitude souveraine, est bien, par l'humilité, le frère du plus modeste curé de campagne.

Il passe lentement et répond d'une voix assez forte quelques mots brefs à tous ceux qui lui parlent italien.

— Sainteté ! j'ai un parent malade — Je prierai pour lui, dit le Pape, ne pleurez plus — Sainteté ! priez pour mon père malade ! — Je prierai — Sainteté ! mon mari devient infirme ! — Je prierai pour lui !... Il touche la tête d'une petite fille et lui demande son âge ; il cause très bas, quelques instants, avec un vieillard que les camériers aident ensuite à se relever...

J'avais à côté de moi une dame qui avait paru jusque là, fort calme. Le Pape s'arrête devant elle, elle
éclate en sanglots. — Ma fille ! Ma fille ! crie-t-elle, malade ! malade ! très malade ! Elle ne peut dire autre chose, les larmes ruissèlent sur ses joues, sa gorge ne peut
plus proférer un son, elle retient sous ses lèvres frémissantes les doigs du Saint-Père.

— Je prierai, dit Pie X ; remettez-vous... ayez confiance !

Cette scène impressionne péniblement la foule. Pour
moi, dès cet instant, je ne vois plus ce palais étincelant
de dorures, mais un champ de bataille où les misères humaines ne pensent plus à se farder ; où les éclopés de
la vie appellent, crient qu'on les soulage, élèvent leurs
mains et leurs âmes meurtries vers celui dont les paroles
savent calmer les désespoirs...

Mais le Pape avance encore et me regarde attentivement ; il comprend que je suis français, que je viens
de cet étrange pays qui chasse ses religieuses mais conserve précieusement ses anarchistes ; il paraît attendre
une parole que je n'ose dire. Je sais qu'il ne connaît pas
notre langue et je n'ose lui imposer l'ennuyeuse traduction de mon italien barbare... Il touche les objets religieux que je lui présente et passe !

Quand Pie X a fait ainsi, lentement, le tour de la salle, il s'arrête au milieu, sans gravir les degrès de son
trône et prononce en italien, posément, une allocution
paternelle.

— « Comptez pour peu de chose les biens de ce monde, dit-il en terminant, la vie est courte ; pensez à l'autre un peu tous les jours et priez à votre tour pour le

Pape. Sachez que tous les objets religieux que vous m'avez présentés sont bénits. Je bénis les malades dont plusieurs d'entre vous m'ont parlé ; je bénis les mourants si, dans vos familles il s'en trouve en ce moment. Et maintenant, allez en paix ; vous avez vu le Pape et vous emportez sa bénédiction. »

Pie X donne alors la bénédiction papale, la main ouverte. Puis son escorte l'entoure et il se retire. Dans l'antichambre, il passe devant les huissiers agenouillés et lève une dernière fois la main.

Dès qu'il a disparu, on permet aux fidèles de sortir de la salle.

.*.

Deux jours plus tard, un dimanche, je devais revoir le Pape dans la basilique de Saint-Pierre, passant au-dessus d'une mer de têtes sur la *Sedia gestatoria*, revêtu des attributs de Souverain Pontife et couvert de la tiare à la triple couronne.

Dans cet appareil, il ne m'a pas paru plus imposant que dans son palais, sous sa simple soutane blanche ; mais là, c'est le cadre qui est inoubliable !

C'était à la cérémonie de béatification de la fondatrice de la congrégation des Sœurs de Notre-Dame. La foule, contenue par des barrières, remplissait l'immense basilique. Tout ce qui offrait la moindre saillie, moulures, socles de colonnes, balustrades de chapelles, s'était chargé de grappes humaines. La cérémonie était fixée pour 5 h. $\frac{1}{2}$ et à 3 heures on ne trouvait plus à se caser ! Des centaines de lustres électriques et des milliers de cierges transformaient l'abside en chapelle ardente ; dans les airs, l'image transparente de la béatifiée, entourée d'anges, flottait environnée d'étoiles de feu.

Soudain, un murmure formidable s'élève de la foule qui pourtant parle à voix basse. Lentement s'avance, paraissant venir de très loin, glissant au-dessus des têtes, la chaise dorée du Souverain Pontife. Sa main est levée, il bénit d'un geste large, tantôt à droite, tantôt à gauche. Le cortège se déroule dans la grande nef, arrive au centre de l'église, tourne près de la *Confession* et s'avance vers l'autel, pendant que les orgues, l'orchestre et les chœurs commencent en un formidable unisson les chants liturgiques.

Aucune église au monde ne peut donner un pareil spectacle ; on croit avoir fait un rêve des mille et une nuits.

CHAPITRE X

Le Pincio. — Via Appia. — Avenue Marguerite

Ma première promenade, en arrivant à Rome fut pour le Pincio.

Au Pincio, on se rapproche un peu de la France. On est dans le voisinage de la Villa Médicis et de la Trinité des Monts. Cette belle promenade a été créée sur l'ordre de Napoléon 1er de 1809 à 1814. Autrefois, sur son emplacement, on admirait les fameux jardins de Lucullus où Messaline, femme de Claude, avait ses grandes et petites entrées.

Aujourd'hui, le Pincio est le rendez-vous de la société romaine qui y monte en foule dans ses équipages, trois fois par semaine quand la musique militaire joue, deux heures avant le coucher du soleil. Les voitures y circulent sur plusieurs rangs, comme aux Champs-Elysées quand il fait beau, avec cette différence qu'ici, la grande allée étant circulaire, ce sont les mêmes qui repassent plusieurs fois. On a, du moins, l'impression d'en voir des quantités.

D'un côté du jardin on a, en contre-bas de 40 à 50 mètres, l'immense parc de la villa Borghèse, propriété nationale ouverte au public, et de l'autre une terrasse d'où la vue s'étend sur presque toute la ville.

La villa Médicis, qui est le rêve et le paradis des artistes français, où ils sont entretenus pendant trois ans aux frais de l'Etat quand ils ont obtenu le grand prix de Rome, s'ouvre sur le Pincio.

On ne peut rêver parc plus délicieux, plus ombreux, plus rempli de mystère et de poésie. Par une longue terrasse dont le parapet disparaît sous les roses, on arrive au palais du directeur, dont la porte est gardée par un Suisse majestueux, tout doré, vêtu comme ceux des cathédrales, puis on passe dans la galerie des moulages, l'une des plus complètes qui existe, et dans le réfectoire où se trouvent les portraits des pensionnaires qui sont arrivés à la célébrité : Massenet, Hébert, Bouguereau, Roty, etc.

Du Belvédère, situé dans un petit bosquet, on jouit d'une vue qui est devenue légendaire sur la basilique de Saint-Pierre, quand le soleil est près de se coucher.

.•.

L'antique *via Appia* est la plus intéressante des routes qui sortent de Rome. Son point de départ dans la ville est l'arc de Constantin, entre le Forum et le Colisée. De là, elle passe à la porte Capène, d'où bifurque la voie latine, porte qui n'existe plus que de nom, et arrive aux fortifications à la porte Saint-Sébastien, qui existe toujours, mais gâtée par des créneaux qui furent ajoutés au moyen-âge.

Avant de franchir les fortifications, on a pu admirer sur la droite les ruines colossales des thermes de Caracalla qui suffisent à elles seules pour donner une idée de la puissance romaine.

La route continue ensuite hors de la ville et quelques minutes plus loin on trouve la petite église au fronton de laquelle sont écrits ces mots : « *Quo vadis, Domine?* »

Question que saint Pierre, fuyant le supplice, aurait adressée à Jésus-Christ allant à Rome. Le Christ ayant répondu : « Je vais me faire crucifier de nouveau », saint Pierre retourna sur ses pas. C'est au carrefour de la route Ardéatine que se trouve cette chapelle qui conserve une dalle de marbre où se voit, paraît-il, l'empreinte des pieds du Sauveur.

Des ruines de tombeaux antiques se rencontrent déjà à droite et à gauche de la route. Dans les champs également, de grandes ruines sortent partout de terre. On passe devant l'église Saint-Sébastien, l'une des sept églises patriarcales que doivent visiter les pèlerins, sous laquelle il y a aussi des catacombes, et l'on rencontre ensuite le cirque Maxence, vaste construction en ruines qui était destinée aux courses de chars.

La route monte alors, le coup d'œil devient magnifique. On a derrière soi Rome dont on voit les fortifications, les principaux monuments et Saint-Pierre ; à droite, la campagne couverte de blés et de vignes ; à gauche et devant soi, les ruines immenses des anciens aqueducs, et au fond les monts Albains. Des touffes de pins parasols et de cyprès plaquent çà et là dans la plaine leurs verdures profondes ; le soleil teinte en rose les arches innombrables des aqueducs.

Rose aussi apparaît soudain au bord de la route le tombeau grandiose de Cœcilia Metella, construction ronde sur soubassement carré, ornée de guirlandes de fleurs à la frise, que Crassus le jeune, lieutenant de César dans la guerre des Gaules, avait fait élever à sa femme. Au moyen-âge, on ajouta des créneaux à ce tombeau et on en fit une forteresse. Dans l'intérieur, rond comme un puits, était déposé le sarcophage de Cœcilia ; il est maintenant dans un musée.

A quelques centaines de mètres de ce monument, on retrouve le dallage antique de la route, bien conservé et servant encore. Les ruines se pressent plus nombreuses de tous côtés, beaucoup ont conservé leurs bas-reliefs et leurs inscriptions. La vue s'étend également de plus en plus, c'est la partie la plus intéressante de la *via Appia*. Puis le nombre des tombeaux diminue et le désert de la campagne romaine commence.

.·.

Une autre jolie promenade qu'on peut faire dans le voisinage immédiat de la ville, — la plus jolie peut-être, — est celle de l'avenue Marguerite.

C'est une superbe route qui suit, en décrivant de nombreux lacets, la crête du Janicule, colline allongée à l'ouest de Rome.

La route part de Saint-Pierre in Montorio, église construite à l'endroit précis où l'apôtre souffrit le martyre, et d'où la vue sur Rome est déjà superbe, puis se continue pendant un kilomètre et demi environ, en se dirigeant vers Saint-Onuphre.

On rencontre dès l'abord la fontaine monumentale de l'*aqua Paola* dans laquelle bouillonne une rivière tout entière captée à plus de cinquante kilomètres de là par les Romains. A gauche se déploie la campagne plantée de pins parasols dont les lignes régulières semblent au loin dessiner des arcades. Sur la droite, le coup d'œil est admirable, surtout si l'on a la précaution de faire cette promenade une heure avant le coucher du soleil. Les pentes du Janicule, veloutées d'un fin gazon, couvertes de bosquets de lauriers et de myrtes, d'eucalyptus, de pins maritimes, descendent doucement jusqu'au Tibre qui rou-

le rapidement ses flots jaunâtres et se fronce aux arches
des ponts.

De l'autre côté du fleuve, toute la ville se déploie, dorée par le soleil couchant qui frappe les maisons en face.
On aperçoit des centaines de coupoles d'églises, des colonnes, des obélisques, d'immenses palais modernes, des
ruines çà et là. D'admirables végétations aux masses clas-
siques où les verts sombres et éclatants se marient dans
de ravissants effets, indiquent les sommets sacrés des antiques collines, *Aventin*, *Cælius*, *Palatin*, etc., et plus
loin le *Pincio*. Seul Saint-Pierre, tout à fait à gauche,
est en partie caché par des arbres et manque à ce sublime tableau.

Au delà de la ville, les premiers contreforts des montagnes de la Sabine et des monts Albains étendent leur
manteau bleu et plus loin encore, à l'horizon, de hauts
pics couverts de neige semblent s'enfoncer et se fondre
dans une poussière d'or et d'azur.

« Rien n'est comparable, pour la beauté, aux lignes
de l'horizon romain, à la douce inclinaison des plans,
aux contours suaves et fuyants des montagnes qui le ter-
minent. Une vapeur particulière, répandue dans les loin-
tains, arrondit les objets et dissimule ce qu'ils pourraient avoir de dur ou de heurté dans leurs formes. Les
ombres ne sont jamais lourdes et noires ; il n'y a pas de
masses si obscures de rochers et de feuillages dans lesquelles il ne s'insinue toujours un peu de lumière... Vous
avez sans doute admiré dans les paysages de Claude Lor-
rain cette lumière qui semble idéale et plus belle que nature ? Eh bien, c'est la lumière de Rome ! » (*Chateau-
briand*).

On ne saurait mieux dire tout en restant vrai. Je con-
seille au touriste à qui il resterait encore, après s'être

rassasié des merveilles de la Renaissance et de l'antiquité que renferme Rome, un vague souvenir du peu d'en-
thousiasme qu'il éprouva en y arrivant, d'aller par un
beau soir se promener sur le Janicule. Ses yeux et ses
pensées s'ouvriront ; l'émotion descendra dans son âme
et il comprendra, il sentira plutôt qu'il a bien sous ses
yeux la Ville Eternelle !

CHAPITRE XI

Rome. — Les types. — Les rues.

Vous n'espérez pas que je vous dépeigne les types masculins qu'on rencontre dans les rues ? Ils sont plus ou moins laids, comme partout ; peut-être un peu moins ici. Les femmes s'étant réservé le monopole du beau sexe ont laissé l'autre aux hommes. Ils doivent s'en contenter.

Je me suis donc appliqué à observer surtout les physionomies des femmes et à chercher ce qui pouvait bien les faire ressembler si fréquemment à celles qu'on voit dans les tableaux ou les sculptures du XVI° siècle.

Je crois qu'elles doivent leur beauté, qui est indiscutable, à trois choses principales : à l'ovale effilé et très pur de leur visage ; à l'abondance de leurs cheveux qui encadrent noblement par en haut ce que le menton finit si bien par en bas ; enfin à la dimension de leurs yeux, largement modelés sous une arcade sourcilière prohéminente.

Du reste, si on se met à détailler le type de la romaine, on finit par s'apercevoir que tout est au même niveau. La bouche est petite, mais charnue, les dents sont magnifiques, la taille est grande et la démarche majestueuse. Tout, jusqu'à ce gazouillement qui est leur façon de parler, fait de ces modernes sabines des créatures d'élite. On peut dire que leur vie s'écoule dans un sourire, car

elles ne savent pas parler sérieusement et elles parlent
tout le temps.

Elles paraissent, d'ailleurs, actives, bonnes ménagè-
res et excellentes mères ; en supériorité marquée sur les
espagnoles, si indolentes, si paresseuses !

Les fenêtres de mon hôtel, situées sur une vaste cour,
plongeaient sur rien moins que six à huit intérieurs romains, de sorte qu'il m'était facile, même sans le chercher, de saisir au vol quantité de menus faits de la vie
usuelle et je dois dire que je n'ai pas cessé d'être édifié.
Ces dames avaient presque toutes leur machine à coudre ;
beaucoup faisaient leur ménage, soignaient elles-mêmes
leurs nombreux mioches, ne se disputaient pas avec leurs
maris et.... mangeaient avec un appétit inaltérable dé-
notant une âme candide des montagnes de macaroni.

Rien n'est suggestif comme de voir de suaves créatures aux têtes d'anges ou de madones suspendre à leurs
lèvres en fleur des écheveaux de pâtes qui n'en finissent
pas.

L'illustre Marconi, qui a supprimé les fils du télégra-
phe, devrait bien supprimer ceux du macaroni ; il res-
tituerait aux charmantes romaines un peu de la poésie
qu'elles perdent chaque fois qu'elles se mettent à table.

Elles portent, chez elles, beaucoup de blanc, dans toutes les classes de la société. On sent qu'ici la grande préoccupation est de ne pas avoir trop chaud et les toilettes des élégantes sont d'abord disposées en vue de ce
résultat. Elles ont des chaussures à hauts talons en cuir
blanc, vert, mauve, quelquefois en peau de lézard ; mais,
petite bourgeoise ou grande dame, aucune n'oublie, pour
sortir, ses bijoux. Le collier plat, en or, est très porté,
tel qu'on le voit dans les tableaux des anciens maîtres.

.·.

Les rues à petits pavés, sans trottoirs, sont aussi animées que celles de Paris, mais la circulation y est plus dangereuse, parce que l'allure des voitures, tramways et bicyclettes est généralement plus vive et que tout le monde y suit sa gauche, anomalie qui surprend le français, habitué à prendre machinalement sa droite. Il ne fait pas bon avoir des distractions au milieu des rues.

La place de Venise pouvant être considérée comme le centre virtuel de Rome, trois grandes voies en partent, l'une à l'ouest, le Corso Victor Emmanuel vers le Tibre et Saint-Pierre, l'autre au Nord, le Corso Humberto vers la place et la porte du Peuple, qui était celle par où entraient les étrangers venant du Nord avant l'invention des chemins de fer ; et la troisième à l'Est, la voie Nationale, vers la gare terminus et les thermes de Dioclétien.

Tous ces quartiers sont relativement neufs. C'est au Sud de la place de Venise que se trouvent la plupart des antiques collines, le Capitole, le Palatin... le Forum, le Colisée, et que commence la voie Appienne.

La ville est entourée de murailles qui ne serviraient à rien aujourd'hui avec les canons modernes ; elles datent en partie du moyen âge, en partie du temps de Servius Tullius, l'un des plus anciens rois. Certaines portes ont des tours à créneaux qui ne manquent pas de cachet.

La plupart des maisons ont des terrasses à la place de toits, peu ou point de cheminées, mais on ne voit plus les invariables persiennes vertes à tabatière des autres villes italiennes. L'aspect des rues diffère peu de celui des grandes villes françaises. Toujours à cause de la préoccupation du soleil qui règle tout ici, les stations de fiacres et d'omnibus changent de place le matin et l'après-midi. Les itinéraires se modifient même un peu suivant les heures du jour.

Les restaurants sont nombreux et à tout prix ; les cafés sont au-dessous de tout. Le plus beau café de Rome serait insuffisant pour une ville française de vingt mille âmes. En revanche, les prix sont abordables. La tasse de café vaut de quinze à vingt centimes et le café n'est pas plus mauvais qu'ailleurs. Les habitants n'ent prennent guère qu'en été. En ayant demandé dans un grand café-glacier de la place Colonna le 29 avril, on me répondit qu'il n'y en aurait que dans trois jours ! C'était un peu long pour attendre. Voyant mon étonnement, on me dit qu'on n'en faisait pas l'hiver, qu'on n'e commençait que le 1er mai. Ce café restait sans café pendant six mois de l'année.

La cuisine est, comme partout en Italie, médiocre. Les noms des plats sont mal écrits, incompréhensibles et variables suivant les maisons. On a souvent des surprises désagréables quand on voit arriver ce qu'on croyait avoir commandé et on finit par avaler un tas de choses dont on se serait bien passé.

.

A certaines heures, les crieurs de journaux se répandent comme des fous dans les rues en poussant de véritables hurlements.

Moins bruyantes et autrement plastiques sont les petites paysannes de la Sabine qui stationnent par groupes sur les places ou dans les grandes voies, généralement l'après-midi.

Tandis que les passants recherchent l'ombre, légères et brillantes, comme des papillons multicolores, elles se tiennent au grand soleil et semblent là dans leur élément. Leurs jupes bleues, roses ou violettes, leurs petits corsets brodés, leurs fichus de soie jaune d'or ou rouge et leurs gracieuses cornettes blanches étincellent dans la vibrante lumière et donnent à leurs groupements naïfs un éclat que nul peintre ne pourrait rendre.

Elles se précipitent vers les passants et cherchent à glisser dans leurs poches de petits bouquets qu'il est d'usage de garder et de payer quand elles ont réussi à les fixer.

On trouve encore le matin ces charmantes enfants vers la place d'Espagne, dans les parages de la villa Médicis où elles se placent comme modèles. Elles attendent les demandes, assises sur les marches d'un escalier monumental, au milieu de leurs fleurs qu'elles arrangent et dont elles ont l'éclat.

C'est aussi dans les parages de la place d'Espagne que sont les beaux magasins de bijouterie et les antiquaires ; les marchands de tableaux et d'aquarelles, les marbriers. On trouve là toutes les reproductions possibles des chefs-d'œuvre admirés dans les musées : des bronzes et des marbres, des bois sculptés, des pierreries, des miniatures, jusqu'à des stèles des catacombes, tout cela plus ou moins antique et souvent aussi « en toc ».

.*.

L'italien, qui passe pour si emballé, m'a paru avoir au contraire du calme et bon caractère. On ne rencontre pas d'ivrognes ; — il est vrai que le marchand de vin n'existe pas — on ne voit pas maltraiter les chevaux. Certains petits incidents de la rue qui, en France, eussent fait hurler et se chamailler longuement ceux qui en étaient auteurs et victimes, se passent ici en douceur, sans un mot. Chose prodigieuse, je n'ai jamais vu de cochers se disputer !

On peut, je crois, tirer de tout ceci cet aphorisme : l'italien est peut-être fou quand il se met en colère, mais il ne se met pas en colère.

Quand on est entré dans leur intimité, ils sont, paraît-il, aimables et serviables.

Ils paraissent avoir gardé le sentiment du respect pour l'autorité qui faiblit si rapidement en France de nos jours. Il ne leur viendrait jamais à l'idée de cracher dans une église ou dans un wagon ; de fumer là où c'est défendu. Il y a des marbres, des sculptures, des œuvres d'art partout à portée de la main ; il ne vient jamais à un enfant l'idée de les briser. En France on fume, on crache, et on brise parce que tout cela est défendu.

Les jeunes italiens ont beaucoup de culture. Ils lisent nos auteurs non seulement plus que nous ne lisons les leurs, mais même plus que nous ne lisons les nôtres. Malheureusement, ils paraissent incliner trop fréquemment vers les balivernes humanitaires qui furent chez nous l'évangile du néo-socialisme et qui sont en train de ruiner notre pays. On voit dans leurs mains des brochures avec ces titres sonores : l'*Avenir de la démocratie*, le *Progrès social*, *Morale évolutionniste*, *Principes de sociologie*, etc. Ils croient naïvement que nous jouissons d'un tas de libertés qu'ils n'ont pas et ils soupirent après notre république !

J'ai rappelé à quelques-uns de ces jeunes hommes trop candides qu'ils jouissent pourtant de certaines libertés: que leurs fonctionnaires n'ont pas besoin de se cacher pour aller à la messe ; qu'ils peuvent faire élever leurs enfants chrétiennement ; que leurs ordres religieux vivent comme ils l'entendent ; que l'avancement ou la retraite de leurs officiers ne sont pas réglés par la basse jalousie et la délation ; que leurs capitaux prospèrent énormément depuis quelque dix ans et qu'ils n'ont jamais cru nécessaire d'aller les cacher à l'étranger...

Tout cela a paru les étonner beaucoup ; ils n'avaient jamais pensé qu'on pût être privé de libertés aussi élémentaires.

...Après cela, n'ayant plus rien à voir à Rome, ni même plus rien à dire, je pris un beau matin le chemin de Naples.

CHAPITRE XII

Naples

Quand on quitte Rome par la ligne de Naples, on passe par un des points les plus intéressants de la Campagne, (l'antique Latium). Ce pays, autrefois très peuplé, était couvert de villes florissantes. Aujourd'hui, il est à peu près désert. De vastes pâturages s'étendent à perte de vue ; maigres pâturages où les bergers conduisent leurs troupeaux en hiver et qu'ils fuient dès le mois de mai, lorsque la malaria commence à sévir.

La plaine est mouchetée, çà et là, de noires touffes de cyprès ; de tous côtés s'élèvent des ruines. Ruines que l'on a déjà vues de la *via Appia*, dominées par le vaste mausclée de Cœcilia Metella, et les arcades innombrables des anciens aqueducs qui amenaient à Rome l'*aqua Felice* et l'*aqua Claudia*. Les montagnes de la Sabine, les monts Albains bleuissent à l'horizon.

Déjà Rome a disparu depuis longtemps et le dôme bleuâtre de Saint-Pierre, brillant comme un phare, se voit encore au loin. Il est la tour Eiffel de la Ville Eternelle, tour Eiffel de marbre signée Bramante et Michel-Ange.

La montagne ne se perd pas de vue un instant, croupes dénudées sur lesquelles sont campés parfois de vieux châteaux. Toutes ces petites villes que rencontre la ligne existaient déjà dans l'antiquité. Preneste, Signia,

Anagnia, Ferentium, etc. On passe aussi à Aquinium, patrie de Juvenal et du théologien Thomas d'Aquin ; à Cassino, où se dresse sur un rocher la vieille abbaye du Mont-Cassin, fondée en 529 par saint Benoît, et qui sert aujourd'hui de maison d'éducation tenue par des religieux. Enfin on passe le Vulturne, cours d'eau au chocolat comme tous ceux d'Italie, et l'on entre dans la riche Campanie.

La différence est grande avec la plaine de Rome qu'on a quittée moins de quatre heures avant. Cette contrée est une des plus populeuses et des plus fertiles de l'Europe. Elle donne annuellement deux récoltes de grains et une de fourrage et en outre le produit de ses vignes et de ses innombrables arbres fruitiers. On aperçoit partout, dans les champs, les cultivateurs occupés à bêcher sans effort cette belle terre couleur de la nôtre. Les paysannes, la tête couverte de mouchoirs blancs ou rouges pliés en quatre, sur lesquels se détachent leurs profils de camées, marchent pieds nus. Pieds parfaits, minuscules, qui n'ont jamais été déformés par les chaussures.

Le train passe à Capoue, célèbre dans l'antiquité, où l'on a découvert les ruines d'un théâtre, qui devait compter parmi les délices de l'endroit, et enfin à Caserte, le Versailles de Naples.

A partir de Caserte, la vue est attirée sur la gauche par une montagne qui serait comme toutes celles que l'on voit depuis Rome si une singulière colonne de nuages ne s'obstinait à la coiffer. Ce n'est pas encore le Vésuve, mais c'est le mont Somma qui le cache. Bientôt, la ligne décrivant une courbe, le Somma s'efface modestement et le Vésuve apparaît.

Hélas ! ce n'est plus mon Vésuve ! Celui que depuis l'enfance je suis accoutumé à voir dans les photographies. La terrible éruption du mois d'avril l'a décapité. Il en manque près de trois cents mètres. Toute la partie sur laquelle s'appuyait le funiculaire est tombée en dedans et a été rejetée dans l'espace. Il était autrefois conique, maintenant, il a au sommet une vaste plateforme horizontale. Figurez-vous un pain de sucre scié vers les deux tiers.

Les napolitains sont désolés de ce changement de lignes de leur montagne ; ils ne se plaignent ni des pertes qu'ils ont subies, ni des cendres qui continuent à tout saupoudrer, ils ne voient que cette plate-forme insolite. *Che disgrazia, Santa Maria ! Che disgrazia !*

.*.

Mais nous voilà à Naples, et déjà assailli par les cochers, en guenilles, par les *pisteurs* d'hôtels, par les gamins, par les mendiants. On est vite débarrassé de tout ce petit monde quand on a l'air de savoir où l'on va et qu'on peut dire correctement une dizaine de mots.

Les rues de Naples passent pour les plus originales de toutes celles des villes d'Europe. Elles méritent cette réputation et je ne vois que les rues de Tanger, qui n'est d'ailleurs pas en Europe, pour leur être supérieures à ce point de vue.

Il faut entendre crier les marchands et marchandes, une main sur la joue ; il faut voir ces cuisines, ces étalages en plein vent où l'on vend des boîtes d'allumettes, des cartes postales, des poissons, des oignons, des pastèques et des escargots, des tomates, des nèfles du Japon, des tranches de pain et jusqu'à de petites assiettes en carton, pleines de cerises dont on a soigneusement enlevé les queues. Il semble que tout le monde ait quelque chose à vendre et tout le monde crie. Les exclamations étranges des cochers, des âniers et les cloches des tramways venant s'ajouter à tout ce bruit, font de Naples un séjour ahurissant pour l'étranger...

Une des choses les plus extravagantes, c'est bien les lecteurs en plein vent. On s'approche d'un groupe, on voit au milieu un bonhomme, quelquefois en haut de forme cabossé, qui tient un livre crasseux ouvert. Il lit, s'arrêtant à tout bout de champ pour le commenter, pour l'expliquer aux auditeurs. Des ouvriers écoutent, la bouche ouverte, paraissant suivre avec anxiété les boniments du lecteur.

Ici, le noir est à peu près inconnu. Les femmes portent des bas blancs, des jupons blancs. Ouvrières, femmes de pêcheurs, mendiantes, ont des dessous blancs qui balaient la poussière et battent sur leurs bottines à talons pointus. Elles portent beaucoup, dans le peuple, la babouche à hauts talons de bois dans laquelle elles n'entrent que le bout du pied. Cette chaussure les grandit, les oblige à bien marcher et leur donne une allure ondoyante qui n'est pas sans élégance. Elle est aussi fort utile, car le pavé de Naples est souvent gras et humide.

J'avais cru jusqu'ici que notre aimable ville tenait le record pour sa défectueuse viabilité, ses trottoirs impraticables et son rocailleux macadam, bon tout au plus pour des sabots ; à Naples, j'ai trouvé pire, merci mon Dieu !

Car, pour tout dire, Naples est horriblement sale et pue. La voirie est à peu près faite dans les belles rues du centre ; dans les autres, les détritus stagnent et Dieu sait s'il y en a, de ces rues-là ! puisque Naples est la ville d'Italie la plus peuplée (547.000 habitants) et la plus étendue. En longueur et en largeur, elle est la moitié de Paris.

La population y est d'une paresse invétérée. Celui qui a gagné de quoi vivre dès le matin, ne fait plus rien de tout le jour. Un italien du Nord me disait qu'ayant fait porter sa valise à l'hôtel par un gamin, il lui avait donné un franc ; puis, s'étant trompé d'adresse, il voulut, pour un autre franc, la faire porter à un hôtel un peu plus loin. « Ah non ! dit le gamin, *j'ai travaillé !*»

.•.

La consigne est de dormir. On voit, couchés à plat ventre au soleil, des hommes qui ont la tête dans une raie d'ombre de quelques centimètres. Des enfants dorment en tas, enroulés comme de jeunes chats ; ils n'ont pas de domicile et ignorent leurs parents. Les *journalistes*, ce sont les marchands de journaux qu'on appelle ainsi, dorment sur la « dernière édition » et les décrotteurs piquent des sommes sur leurs mixtures multicolores.

Le harnachement des chevaux est curieux. Ils ont les brancards au-dessus de la croupe, ce qui incline fortement en arrière les voitures à deux roues. Les harnais sont couverts d'ornements de cuivre, et le tout vient se réunir à une petite selle pointue, garnie de cuivre, de clochettes, d'ornements bizarres, à l'extrémité de laquelle est plantée une longue plume.

On voit d'étranges attelages, composés d'un bœuf, d'une vache et d'un petit âne, ou bien d'une vache et d'une mule. Les paysans attellent ce qu'ils ont sans s'inquiéter de la symétrie.

La mendicité est redoutable pour l'étranger, car tout le monde mendie plus ou moins et c'est toujours lui qui est visé. Le cocher mendie pour vous conduire, le passant pour vous renseigner, les guides pour vous piloter dans des endroits abjects, les gamins pour vous faire damner par leur insistance. Les enfants répètent tous la même phrase : « *Moro di fame, signore !* » Je meurs de faim. C'est souvent vrai, mais souvent aussi il y en a de gros et gras qui vous murmurent à l'oreille : « *Moro di fame !* »

Naples a un demi-million d'habitants, les deux tiers, paraît-il, sont assistés. Aussi le napolitain est végétarien un peu par force ; il ne mange bien qu'à Noël et à Pâques. Par une ingénieuse combinaison, en versant deux sous par jour à certains marchands, ils reçoivent pour ces deux jours des bourriches de victuailles et alors toute la famille reste à table vingt-quatre heures sans désemparer.

Cette ville qui a tant de pauvres a aussi des institutions charitables modèles. Les *œuvres pies* de Naples sont célèbres et il y a, en outre, plus de deux cents confréries, se rattachant plus ou moins au secours mutuel, qui disposent de plus d'un million par an.

Au dire des gens connaissant bien le pays, il n'y aurait pas de livre plus émouvant ni plus admirable que celui qui raconterait l'histoire de la charité à Naples.

CHAPITRE XIII

Pompéi. — Le Vésuve

N'ayant pas le talent de feu Jules Verne, qui écrivait de magnifiques voyages sans sortir de sa bonne ville d'Amiens, je ne parlerai pas du Vésuve, puisque je n'ai pu y monter. Tout est détruit au sommet, les chemins n'existent plus et il paraît que quand ils seront rétablis, l'ascension, qui était déjà assez coûteuse, le sera un peu plus, car il faudra franchir des séries de barrières de laves, en manière de montagnes russes, qui n'existaient pas avant la dernière éruption.

Mais on visite toujours Pompéi, qui a failli dernièrement être englouti une deuxième fois. C'est une curiosité unique, cette ville romaine que les cendres nous ont conservée dans des condtions qui ne se renouvelleront probablement jamais.

On sait qu'elle fut engloutie sous une pluie de cendres et de scories en l'an 79 de notre ère, en même temps qu'Herculanum qui disparut sous la lave. Le terrible phénomène dura trois jours, pendant lesquels la nuit fut absolue et les tremblements du sol ininterrompus. Pline le jeune, qui assista à la catastrophe du cap Misène où il était avec sa mère, en a laissé un récit détaillé. Son oncle, Pline le naturaliste, qui se trouvait à l'autre extrémité du golfe de Naples, à Stabies (aujourd'hui Castellamare) mourut asphyxié sur la plage au moment où il allait s'embarquer.

Pompéi est à l'est du Vésuve, Naples étant à l'ouest, et éloigné du cratère de huit kilomètres à vol d'oiseau. On y va par le chemin de fer de Salerne, qui suit la mer, en une heure environ, mais cette heure paraît courte, tant le paysage est beau, varié, et toute cette côte remplie de souvenirs. « Naples s'éloigne et n'est plus qu'une vaste fourmilière blanche ; le bleu couvre tout, il n'y a qu'azur sur la mer et dans le ciel. Les montagnes ressemblent à la gorge d'une tourterelle ; la mer a la couleur d'une robe de soie ; dans le ciel, de velours pâli, la lumière poudroie. » (Taine). Le Vésuve, au pied duquel on passe, cache son front dans un lourd nuage de vapeur, comme pour voiler quelque sombre drame mythologique qui s'accomplirait à son sommet.

On passe à Portici ; à Résina, bâtie sur la couche de lave où dort Herculanum ; à Torre del Greco et à Torre Annunziata, ports de vingt à trente mille âmes, encore encombrés de cendres, trois semaines après l'éruption, à ne savoir qu'en faire. Tous les wagons disponibles sont employés à la porter à la mer. Les jardins sont encore ensevelis sous une couche de terre tassée par les pluies ; les pelouses descendant vers la mer où paissaient les chèvres et les vaches qui alimentent Naples de lait, sont également recouvertes ; les rues de Torre del Greco ne sont plus que des sentiers, creusés dans les cendres qui ont été rejetées des deux côtés contre les maisons, et forment des talus de deux à trois mètres.

Pauvre Torre del Greco ! Etant la plus près du volcan, cinq kilomètres à peine, elle ne rate pas une éruption. Elle a déjà été détruite sept à huit fois et toujours elle se relève de ses ruines. Les toits voûtés des maisons

ressemblent à des carapaces de tortues. Il y a un prover-
be italien qui dit: « Naples fait les péchés, mais c'est
Torre del Greco qui les paie. »

.˙.

On débarque à Pompéi au milieu de voituriers, de
guides, de garçons d'hôtels, de mendiants qui se jettent
littéralement sur vous comme des êtres affamés. On a
fort à faire pour reprendre sa liberté et pénétrer dans les
ruines par la *Porte Marine*.

Que l'on sache bien tout d'abord que les maisons de
Pompéi ne sont pas entières ; leurs murs ont trois à
quatre mètres de hauteur seulement. En somme, on ne
visite que des rez-de-chaussée, mais il est facile de
se figurer les plafonds, à poutres apparentes : on les a
même reconstitués en certains endroits, et quant aux
premiers étages, — il y en avait rarement deux, —
ils étaient très légèrement établis et présentaient moins
d'intérêt que ce qui nous est resté. La vie des Romains
se passait au rez-de-chaussée de leurs maisons et ceux-
ci sont souvent très bien conservés. On circule dans les
rues, on entre dans les maisons, on passe d'une pièce à
l'autre absolument comme fait une personne qui visite
des appartements à louer. Les rues ont même des noms
et les maisons des numéros.

Les belles maisons romaines se composaient d'un corridor, puis, toujours dans le prolongement, une cour à
ciel ouvert avec jet d'eau, un salon, une autre cour entourée d'arcades avec piscine au milieu et un autre salon
plus grand. Dans la première partie, le maître traitait
ses affaires et recevait ses amis et clients ; la deuxième était réservée à la vie intime. Les deux cours étaient

entourées de chambres à coucher, très petites, ne servant absolument que pour la nuit. La cuisine et les communs se trouvaient dans les angles extérieurs que formaient ces différentes pièces, et enfin, sur la rue, de chaque côté du corridor, étaient des boutiques qui ne communiquaient pas avec la maison.

C'est surtout dans les cours des maisons de Pompéi *Atrium et Peristylium*, qu'on a trouvé tant d'œuvres d'art en marbre ou en bronze qui remplissent aujourd'hui les musées de Naples et de Rome.

Les pièces étaient décorées de bas-reliefs en stuc et de fresques. Quelques-unes sont parfaitement conservées. On visite successivement le *forum*, ou place publique, autour duquel se trouvaient les temples et les tribunaux ; un *forum* pour la promenade, entouré d'une colonnade couverte, d'où l'on a une vue admirable, d'un côté sur le Vésuve, de l'autre sur la presqu'île de Sorrente et sur l'île de Capri ; un grand théâtre de quinze mille places, et un plus petit, de quinze cents places, charmant spécimen bien conservé de petit théâtre de province. On voit une caserne de gladiateurs où l'on trouva des cadavres, les fers aux pieds, dans un réduit qui était la salle de police ; les maisons de Pansa, des Vetti, du Faune, qui peuvent servir de types ; celle d'un chirurgien où l'on trouva tous ses instruments ; des boulangeries, des tavernes à fresques emblématiques dans lesquelles les gardiens vous introduisent avec des airs mystérieux, en roulant les yeux et en baissant la voix ; de curieux établissements de bains doubles, pour hommes et pour femmes, avec les petites cases où se déposaient les vêtements, etc...

Les rues ont conservé intact leur pavage de grandes dalles où les roues des chars ont tracé de profonds sillons. Les Romains ne devaient pas craindre les cahots, mais leurs chevaux avaient une rude existence dans ces rues étroites, barrées de distance en distance par trois grosses pierres qui servaient à passer d'un trottoir sur l'autre.

A chaque carrefour, de vastes fontaines carrées, en marbre ou pierres de taille, fournissaient une eau abondante à ce peuple qui passait la moitié de son temps au bain.

On parcourt ainsi des kilomètres dans cette ville morte, en trouvant à chaque pas du nouveau, et l'on arrive à la porte d'Herculanum où la route, bordée de tombeaux, se continue hors de la ville. C'est là qu'est le mausolée de Diomède et de sa famille et en face sa vaste maison dont les cours et les jardins étaient ornés de colonnades. Dans le sous-sol sont des caves voûtées qui ont près de cent mètres de longueur. On y trouva dix-huit cadavres de femmes et d'enfants, enfouis dans les cendres qui avaient filtré par les soupiraux. Des empreintes de corps et de mains se voient très bien contre les murs.

Le directeur des fouilles s'étant aperçu que les chairs des cadavres avaient totalement disparu et que les cendres durcies avaient conservé la forme des corps qu'elles moulaient, fit couler dans ces cavités du plâtre et obtint ainsi plusieurs formes humaines reproduisant l'attitude et les traits des malheureux Pompéiens dans leur agonie. Ces moulages sont au musée de Pompéi.

Quant au propriétaire lui-même de la villa, Diomède, on le trouva près de la porte de son jardin donnant sur la mer, qui est maintenant beaucoup plus loin, ses clés dans les mains, accompagné d'un esclave qui portait de l'argent et des objets précieux.

En somme, peu de cadavres furent exhumés des fouilles de Pompéi. La catastrophe ne fut pas si subite que la presque totalité de la population n'ait pu réussir à s'enfuir.

.*.

En sortant des ruines, une visite à la lave est tout indiquée puisqu'on ne peut monter au cratère. Les voitures se dirigent à la file vers Boscotrecase où, à quelques centaines de mètres du village, fume la lave de la grande éruption du 7 avril.

Ce soir-là, Naples eut une peur intense ; le phénomène sismique avait atteint un paroxysme inouï. A travers un voile opaque de nuages de suie, le volcan ruisselait de flammes, la montagne paraissait se liquéfier.

— Figurez-vous, monsieur, me dit un témoin oculaire, que Naples était plongée depuis deux jours dans la nuit. Nous étouffions ; le sable écrasait nos maisons, les cendres nous asphyxiaient. Le découragement devenait mortel ; nous nous abandonnions et nous nous sentions abandonnés. C'est à cet instant, où beaucoup songeaient à quitter la ville, que le canon retentit. Le bruit venait de la mer ! Une escadre ! Une escadre saluait la terre ! On crie dans toute la ville : « Voilà les Français ! Voilà les marins français ! » C'était le secours, c'était le salut, c'était surtout le réconfort. Il n'y a que la France, monsieur, pour avoir de ces idées et pour savoir les exécuter. »

— Si la plupart de vos compatriotes pensent comme vous, dis je à mon interlocuteur, la Triplice pourrait devenir malade. »

Nous montons donc à la grande coulée de lave.

Celle qui descendit jusqu'à la mer dans l'éruption de

1631, la plus terrible depuis celle de l'an 79, resta, paraît-il, chaude trente ans. La « nôtre » se refroidira sans doute plus tôt, car elle est moins épaisse ; mais, pour l'instant, elle est brûlante dans la gaîne des scories refroidies qui la recouvre.

On enfonce des papiers dans les fissures avec un bâton et ils s'enflamment immédiatement. Bien mieux, ce terrible Vésuve, qui terrifie quelquefois ses voisins, les aide aujourd'hui à faire leur cuisine. Ils mettent leur soupe sur la lave et elle bout en quinze minutes. C'est la lave qui leur cuit, tous les soirs, le macaroni !

Une grande villa, campée sur un monticule en sentinelle avancée, — perdue, même, pourrait-on dire, — a partagé en deux le fleuve de feu ; elle a été entourée, mais n'a pas brûlé. Elle n'en est pas moins abandonnée pour le moment.

Ce Vésuve, d'ailleurs, rapporte peut-être plus, en fin de compte, aux habitants de la région, qu'il ne leur coûte. Il leur brûle quelquefois, il est vrai, leurs maisons et leurs cultures, mais il fournit la lave qui pave les rues, le soufre, qui s'exporte dans le monde entier, le bitume, la pouzzolane, les eaux gazeuses et ferrugineuses, toutes sortes d'autres produits chimiques et enfin la pluie d'or qu'apportent les étrangers.

CHAPITRE XIV

Environs de Naples

Le climat de Naples, au printemps du moins, est le plus bizarre que je connaisse. On a, tous les jours, des alternatives de temps idéal avec ce ciel bleu si fin, presque blanc, et des trombes d'eau. Les grains se forment en moins de dix minutes et s'en vont de même, mais ils suffisent, par leur répétition, à empoisonner vos journées et à vous tremper jusqu'aux os, si vous n'avez pas fait un bail avec votre parapluie dès le premier jour.

Partis donc pour Capri par un temps superbe et « une mer d'huile », sur un de ces beaux bateaux blancs de la nouvelle compagnie napolitaine de *navigazione*, un quart d'heure après une vapeur livide nous enveloppait subitement, nous cachait la vue de toutes choses à moins de cent mètres autour de nous ; la mer devenait noire, se creusait, le bateau se mettait à rouler lourdement, le tonnerre à gronder dans les hautes régions du Vésuve, les passagers à blêmir ou verdir et une trombe d'eau venait balayer le pont, pourtant recouvert d'un velum, mettant tout le monde en fuite. Tout le monde... sauf un malheureux touriste, incliné sur le bastingage, malade à ne plus rien sentir, dont le dos, creusé en gouttière, servit d'exutoire à des tonnes de pluie glissant du velum, et que nous retrouvâmes au même poste, lorsqu'un rayon de soleil vint nous avertir dans l'entrepont que tout était fini et qu'on pouvait remonter.

La mer était redevenue d'un bleu violent ; plus pâle vers les côtes dont nous approchions ; irisée ou violette dans les petites lames que traversait la lumière.

Il faut quitter le bateau et monter dans un canot pour pouvoir pénétrer dans la *grotte d'azur*. L'ouverture n'a pas plus d'un mètre de hauteur et l'entrée est impossible quand la mer est mauvaise. Toutes ces barques à la file indienne, se dirigeant vers un trou noir, avaient l'air d'accomplir quelque rite funèbre.

Aussitôt entré, on se trouve dans une grotte de 50 mètres de long sur 15 mètres de haut, palais enchanté ou tout est d'une teinte bleue invraisemblabe. Un petit garçon se met à l'eau et paraît argenté. L'effet est charmant et tout à fait nouveau pour la plupart des touristes qui se trouvent là. Mais il paraît que c'est au fort de l'été, vers midi et par un beau soleil que les effets de lumière sont les plus intenses.

Pendant que nous admirons la *grotte bleue*, il semble tout-à-coup qu'un voile sombre vient d'être tendu sur l'entrée. Tout s'éteint ; le temps a dû se gâter encore. Une phrase du *Bædcker*, lue négligeamment, revient alors, hallucinante, dans la mémoire: « ... il n'est pas rare qu'on se trouve bloqué deux et trois jours à Capri par le mauvais temps. » Bloqué à Capri, passe encore, c'est une île ravissante et là où Tibère a passé la fin de sa vie on doit pouvoir passer trois jours, mais bloqué dans la grotte !... Sauve qui peut !

Tous les canots défilent rapidement par la petite ouverture et regagnent le vapeur.

En effet, on ne voit plus rien, il pleut à torrent. Le bateau s'est remis à danser, mais quand, dix minutes plus tard, il atteint le port de Capri, qu'on appelle ici, *la Marine*, le temps est déjà redevenu magnifique.

Je profite des quelques heures d'arrêt que le bateau fait dans l'île pour visiter les ruines du palais de Tibère et la roche escarpée où il se plaisait à faire précipiter les gens de sa suite qui avaient cessé de lui plaire, sauf toutefois, son astrologue dont on a peut-être oublié l'histoire.

Ayant décidé de lui faire faire le saut, Tibère l'appela et lui demanda s'il savait, lui qui prétendait lire dans l'avenir, quel jour il mourrait.

L'astrologue, méfiant, répondit qu'il ne pouvait prédire le jour de sa mort, mais qu'il savait fort bien que la mort de Tibère suivrait de très près la sienne.

L'empereur s'empressa de passer à un autre sujet et laissa son astrologue tranquille pour le restant de ses jours.

La petite ville de Capri, blottie contre un rocher, à mi-coteau, est un séjour calme pour villégiatures. Le passant y est fort ennuyé par les indigènes indiscrets et obséquieux, mais celui qui y séjourne est bien vite débarrassé de ces ennuis ; il s'attache à ce poétique séjour et s'y fait même des relations agréables. J'ai rencontré là des étrangers qui y étaient depuis plusieurs mois, d'autres depuis un an et qui ne pouvaient plus se décider à s'en aller.

Anacapri, seconde et dernière petite ville de l'île, possède depuis quelques années la même faveur des touristes.

Les arbres exotiques poussent en pleine terre dans ce pays. Les myrtes, palmiers, orangers, lauriers, que nous sommes habitués, en France, à voir dans des pots et à arroser avec un verre d'eau, forment ici des bois aux lignes harmonieuses où les rossignols chantent dans l'ombre fraîche des puissantes végétations.

Le retour à Naples se fait par Sorrente et Castellamare.

A Sorrente, le cicérone d'un hôtel où j'ai déjeuné m'introduit dans un bois d'orangers couverts de fruits mûrs et une jeune fille, pieds nus, en jupe safran, ses cheveux d'ébène tressés avec un foulard de soie rouge, monte sur un escabeau, détache une branche garnie de trois oranges et me les offre pour mon dessert.

Une brise embaumée agite les arbres, les branches vibrent faiblement comme les cordes d'une lyre et, l'imagination aidant, je ne vais pas tarder à croire que l'âme de Lamartine erre dans ce bosquet ; que j'ai devant moi une petite fille de Graziella, lorsque la corne d'un *Thomson-Houston* me rappelle à la brutale réalité, qui est de partir de suite pour Castellamare si je veux revenir coucher à Naples ce soir-là.

.˙.

La route de seize kilomètres, qui relie Sorrente à Castellamare, jouit d'une réputation universelle ; cependant, il ne m'a pas semblé qu'elle fût sensiblement plus belle que celle desservie par un tramway électrique semblable de Nice à Monaco.

La première est peut-être un peu plus grandiose, mais la seconde lui est nettement supérieure par la rare élégance des villas qui la bordent, la variété des végétations, la beauté des roches qui l'encadrent et la couronnent. que la presqu'île Sorrentine a été chantée par La-

Mais notre corniche attend encore son poète, tandis martine et Musset, sans remonter jusqu'à Virgile qui

en a dit aussi son mot. Or, il n'y a que les poètes pour savoir donner du lustre à un site, le doter d'une vogue solide. Un beau vers fait plus que des années de réclame de la maison Cook et Cie.

Si les Maures d'Espagne, poètes incomparables, n'avaient pas dit: « Qui n'a vu Séville n'a pas vu de merveille », ou bien, en parlant de Valence qui venait de leur être prise: « Plus charmante est son apparence, et plus s'en accroît ma douleur! » S'ils n'avaient pas comparé Grenade à une grenade entr'ouverte, on aurait été longtemps avant de se douter que Séville, Valence et Grenade étaient des séjours si merveilleux.

* *
*

Rentré à Naples, je profite d'une dernière journée pour aller à Pouzzolles voir la *solfatare*, petit cratère à demi éteint dont les nombreuses fissures laissent échapper de la fumée et des émanations sulfureuses assez désagréables. A défaut du Vésuve, on ne saurait quitter la Campanie sans s'être promené sur un cratère, fût-il minuscule comme cette *solfatare*..

La ville est quelconque, assez sale, mais admirablement située en face d'Ischia, de Procida, au bord de cette mer d'un bleu profond qui s'adoucit au lointain et va se joindre au ciel, plus pâle, dans la largeur infinie de l'espace, voilé par une fine mousseline de vapeur.

Sous les arcades voûtées de pauvres maisons blanchies à la chaux, on aperçoit des femmes au profil grec, le peigne en main, se livrant à des chasses fructueuses dans leurs opulentes chevelures ou dans celles de leurs enfants. Des pêcheurs dorment au soleil, la tête à l'ombre.

A Naples on est harcelé par les solliciteurs ; ici on est assassiné. Il faut marcher entouré d'une escorte d'enfants qui ne vous laissent pas de répit. Un cocher de fiacre abandonne sa voiture pour me suivre pieds nus pendant trois quarts d'heure. Dans la *solfatare*, des guides bénévoles m'emboîtent le pas ; l'un allume avec une torche les vapeurs qui jaillissent du sol ; un autre, armé d'une bêche remue du sable et aussitôt la poussée du gaz lance en l'air le menu gravier ; un enfant ramasse un caillou et, sans crier gare, me le met dans la main. Le caillou, brûlant du côté qui adhérait au sol, me surprend désagréablement, je le lui jette au nez. Tous tendent la main, bien entendu, pour le moindre geste,

.*.

Je rentre à Naples écœuré.

L'heure du retour a sonné. En feuilletant l'indicateur, je me suis aperçu qu'un bateau hebdomadaire de la ligne Venise-Palerme-Naples-Gênes doit quitter le port à minuit. Mon parti est pris. J'irai à Gênes par mer et éviterai ainsi une partie du long ruban de voie ferrée qui me sépare de Paris où je dois aller directement.

A onze heures, je suis sur le pont de l'*Umberto*.

Naples est là, devant la mer, dont aucun frisson ne trouble la sérénité. Elle est belle ainsi, l'antique *Neapolis*, dans la transparence mystérieuse de la nuit, pâlie par les doux rayons de la lune. Le ciel est chargé d'étoiles ; on dirait que ce soir le bon Dieu en a ajouté quelques poignées. Elles scintillent dans la mer, mêlées aux lumières de la ville qui tremblent dans l'eau, et ce double scintillement empêche de voir où commence le ciel, où finit la mer.

La température est si douce que personne n'est encore couché, tout le monde a voulu assister au départ.

Vers minuit, la sirène pousse un long mugissement ; les hélices commencent à battre. Les phares nous éblouissent en passant, puis bientôt la nuit nous entoure.

Naples disparaît. Personne ne parle tant chacun est absorbé par le charme de cette heure unique.

Lentement le navire glisse, s'enfonce dans la profondeur de l'horizon voilé. Vaisseau fantôme voguant vers un point mystérieux de l'espace ; vaisseau de rêve partant pour un voyage qui semble devoir être éternel !

E. Faugière.

Avril-Mai 1906.

FIN

TABLE

Imprimerie Moderne, J. SÉRIEYS, Aurillac.